edition suhrkamp 2615

W0060257

Wenn wir den Klimawandel nicht abwenden, müssen wir uns anpassen. Unsere Wohlstandsinseln werden militärisch und atmosphärisch geschützte Klimakapseln. Friedrich von Borries beschreibt die zukünftigen Überlebensbedingungen, porträtiert u. a. den Architekten der Kapselwelt, den Klimaflüchtling, den Widerstandskämpfer und den Kapitän der schwimmenden Rettungsinsel. Diese Geschichten sind verknüpft mit einem Glossar, in dem Klimavisionen aus Kunst, Design, Science-fiction und Alltagskultur vorgestellt werden.

Friedrich von Borries, geboren 1974, ist Architekt. Er lehrt derzeit Designtheorie und kuratorische Praxis an der HFBK Hamburg. Zuletzt erschienen in der edition suhrkamp die beiden gemeinsam mit Jens-Uwe Fischer verfaßten Bände *Heimatcontainer. Deutsche Fertighäuser in Israel* (es 2593) und *Sozialistische Cowboys. Der Wilde Westen Ostdeutschlands* (es 2528).

Friedrich von Borries

Klimakapseln

Überlebensbedingungen
in der Katastrophe

Suhrkamp

Klimakapseln ist ein Projekt des Museums für
Kunst und Gewerbe Hamburg und der Hochschule
für bildende Künste Hamburg.
Gefördert durch die Kulturstiftung des Bundes.
Mit Unterstützung der Jungen Akademie und
der Karl H. Ditze Stiftung.

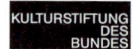

edition suhrkamp 2615
Erste Auflage 2010
© Suhrkamp Verlag Berlin
Originalausgabe
Satz: Jung Crossmedia Publishing GmbH, Lahnau
Druck: Druckhaus Nomos, Sinzheim
Umschlag gestaltet nach einem Konzept
von Willy Fleckhaus: Rolf Staudt
Abbildung Schutzumschlag: FLYHEAD (Environment Transformer)
Autoren: Haus-Rucker-Co (Laurids Ortner, Günter Zamp Kelp, Klaus Pinter),
Wien 1968
Foto: Ben Rose, New York
Printed in Germany
ISBN 978-3-518-12615-8

1 2 3 4 5 6 – 14 13 12 11 10

Inhalt

Vertraut man den Aussagen der Wissenschaft, steuern wir auf eine Klimakatastrophe zu. Erderwärmung. Polkappenschmelze. Dürre und Überschwemmung. Unfruchtbarkeit. Eine Welt mit verstärkter globaler Ungleichheit, Klimaflüchtlingen, Ressourcenkriegen.

Wenn wir den Klimawandel nicht abwenden, müssen wir uns anpassen. Unsere Wohlstandsinseln werden technologisch perfekte Klimakapseln, militärisch und atmosphärisch geschützt. Diese Zukunft kennen wir bereits. Aus Kunst, Design, Architektur, Science-fiction. Aus Blockbustern im Kino.

Die Welt wird sich ändern und wir uns auch. Was sind die Überlebensbedingungen im Klimawandel?

Wie prägen sie unser Verhalten, Denken, Fühlen? Und: Wollen wir so wirklich leben?

Neun Szenenbilder* aus der Klimakapselwelt.

* Eine Collage mit Reminiszenzen an, Versatzstücken aus und nicht ausgewiesenen Zitaten von: Anderson Anderson, Roger Angel, Ant Farm, Isaac Asimov, *Barbarella*, Biosphere 2, Richard Buckminster Fuller, Kate Bush, Vincent Callebaut, John Connor, Paul J. Crutzen, Desertec, *Dr. Seltsam oder: Wie ich lernte, die Bombe zu lieben*, *Der Wüstenplanet*, **Eden Project**, Michael Ende, Jane Fonda, Norman Foster, Michel Foucault, Frontex, Yona Friedman, *Globalia*, Christoph Keller, Don Korycansky, Stanley Kubrick, *Lautlos im Weltraum*, Lilypad, *Flucht ins 23. Jahrhundert*, Lummerland, David Mayer de Rothschild, Marty McFly, Ivy Mike, Thomas Morus, Project Cirrus, Pustefix, Michael Rakowitz, Tomás Saraceno, Arnold Schwarzenegger, Peter Sloterdijk, *Snow Crash*, Werner Sobek, *Jahr 2022 ... die überleben wollen*, Matti Suuronen, Edward Teller, *Terminator*, *Total Recall – Die totale Erinnerung*, Wilhelm Reich, Arthur Rosenfeld, Ingo Vetter, *Waterworld*, Oswald Wiener u. v. m.

Eine detaillierte Beschreibung der Referenzen findet sich unter www.editionsuhrkamp.de/klimakapseln und im anhängenden Glossar, die entsprechenden Begriffe sind hervorgehoben.

Der Architekt

»Wie eine **Seifenblase**«, erklärt der Architekt, »umschließt die Kapsel die Stadt. Ihre Hülle ist dünn und durchsichtig, kaum sichtbar. Und sie ist atemberaubend schön!« Gerade hat er nach mehreren Jahren Bauzeit eine Erweiterung des globalen Netzes von Kapselstädten vollendet. Der Architekt ist der oberste Baumeister der Kapselstadt. Jede dieser Städte ist ein in sich geschlossener **Kreislauf**, eine gigantische Kuppel schließt sie von ihrer Umgebung hermetisch ab. Nichts dringt von innen nach außen, nichts von außen nach innen. Bewegliche Verschattungselemente verhindern Überhitzung; der **Alluvial Sponge Comb**, ein Ring mit einer schwammartigen, Wasser aufsaugenden Füllung, schützt vor Überflutung. Weder Hitze, Regenfälle noch Sturmfluten können einer solchen Stadt und ihren Bürgern etwas anhaben, gleich, wo auf dem Planeten sie plaziert wird. Eine perfekte, eigene Welt.

Die Einwohner finden im unmittelbaren Umfeld ihrer Wohneinheit alles, was sie brauchen: Schulen, Geschäfte und die sogenannten Arbeitsschäume, in denen individuelle Arbeitszellen zu einem größeren Baukörper zusammengefügt sind. Die Stadt strahlt Ruhe und Größe aus. »Das liegt nicht nur am goldenen Schnitt, der allen Bauten zugrunde gelegt wurde, sondern auch an der einheitlichen Farbgebung«, so der Architekt. Alle Gebäude sind weiß gehalten, um den **Albedo**-Effekt zu erhöhen. Der Architekt ist stolz auf seine Kapselstadt, es war nicht einfach, diesen neuartigen Typ einer sich selbst erhaltenden Megalopolis zu entwickeln. Die ganze Struktur ist einem strengen Energiehaushalt unterworfen. Das Herz der Stadt ist die Regulierungseinheit, hier laufen die Sensoren zusammen, die die klimatischen Bewegungen in der Kapsel aufzeichnen. Die genauen Daten, das Messen und Erfassen aller In- und Outputs, sind nötig, damit der Architekt das komplexe Feld von energetischen Interaktionen und Symbiosen steuern kann. »Am besten ist es«, meint der Architekt, »sich die Stadt von oben anzusehen, von dort kann man sie in ihrer Größe und Vollkommenheit erfahren.« Am höchsten Punkt der Kuppel, weit über der Stadt, ist ein **R129** angebracht. In ihm befindet sich die Regulierungseinheit, hier wohnt und arbeitet der Architekt, überblickt die vielen Einheiten, aus denen die Stadt sich zusammensetzt: Wohnkapseln, Busineßkapseln, Shoppingkapseln, Entertainmentkapseln, Naturkapseln. Jetzt, zur Mittagszeit, kann man besonders gut erkennen, an welchen Stellen die Sonne durch die Hülle dringt, die Kubaturen der einzelnen Schäume ihre Schatten werfen und so die innere Struktur der Kapselstadt deutlich sichtbar machen. »Wenn Sie von hier oben den Blick nach außen wenden, können Sie die angegliederten Sektoren für die Produktion von Nahrung und **Energie** erkennen. Außerdem gibt es Bereiche, in denen wir Wasser herstellen und reinigen. Mit Sonnenenergie wird Wasser in Wasserstoff und Sauerstoff gespalten und wieder verbrannt; eine anaerobe Kompostieranlage verwandelt alle organischen Abfälle in **Biogas**, ein biologisches Supergas«, erklärt der Architekt. »Die ganze Stadt ist klimaneutral. Die Autos habe ich als erstes abgeschafft.« Kurze Wege bewältigen die Kapselbewohner zu Fuß, für längere Strecken steht ein unterirdisches Transportsystem zur Verfügung. Über der Erde bleibt so mehr Platz für Grün, für Erholung und urbane Landwirtschaft. Die Bewässerung erfolgt mit aufbereitetem Schmutzwasser, Trinkwasser stammt aus einer Entsalzungsanlage. »Aber natürlich entsteht auch in dieser Stadt CO_2«, räumt der Architekt ein, »auch hier müssen die Menschen atmen. Dafür gibt es mit **Algen** bestückte Fassaden, die das

Kohlendioxid wieder in **Biomasse** verwandeln. Die zirkulierende Luft wird in Filtern gereinigt, das CO_2 gesammelt und dann zur Wachstumsförderung in den Pflanzenhäusern verwendet. Sogar die Körperwärme der Bewohner geht nicht verloren, sondern wird in Wärmetauschern wieder rückgewonnen. Von der Außenwelt benötigen wir nur Meerwasser, die Energie der Sonne und den vorbeiströmenden Wind.«

Die Stadt ist nicht nur in ihrem materiellen Stoffwechsel ein geschlossenes System, auch die Wirtschaft der Kapsel zirkuliert in sich selbst. Das globale Netz von Kapselstädten ist ein Franchise-Unternehmen, das seinen Bewohnern ein perfektes Produkt verkauft: saubere Umwelt mit guter Luft, ökologischem Essen und einer gefestigten Sozialstruktur. »Noch ist eine eigene Wohnzelle in einer Kapselstadt nur für Menschen erschwinglich, die sich bereits einen gewissen Wohlstand erarbeitet haben«, erläutert der Architekt, »aber bald soll sich das ändern. Dann wird es in den Kapseln auch günstigen Wohnraum geben.« Das Leben in einer Kapselstadt soll für alle möglich sein. Und das heißt auch: Wohlstand für alle. Denn Ökonomen der Weltbank haben errechnet, daß die Wirtschaft sich innerhalb der Kapseln dynamisch entwickeln wird. Schließlich wüßten die Bewohner, daß ihre Ausgaben ausschließlich der lokalen Wirtschaft zugute kommen. »Dann geben sie ihr Geld auch gerne in der Kapsel aus, und die Stadt wächst weiter. Irgendwann umspannt sie die ganze Welt.«

Die Bewohner fühlen sich tatsächlich wohl in ihren Kapselstädten, sie schätzen die angenehm temperierte Umgebung, die geordnete Struktur des Raumes, die allgemeingültigen Verhaltensregeln. Und auch sonst bietet das Leben viele Annehmlichkeiten. Die Bewohner setzen sich **Environment Transformer** auf, um ihre Umwelt neu zu erleben, oder sie schlüpfen in einen **Bio-Adapter** und genießen aufregende körperliche Erlebnisse. Ab und zu verlassen sie die Stadt. Dann steigen sie in eine **Walking City**, besuchen eine andere Kapselstadt oder machen eine der beliebten

Erlebnissafaris in die unwirtlichen Wüstenregionen der Außenwelt. Niemandem fehlt etwas, für alles ist gesorgt. Dies verdankt die Stadt dem Grundsatz, alle eingesetzten Materialien, Energien und Emotionen stets wiederzuverwenden. »Für mich als Architekt war das natürlich eine riesige Herausforderung, eine großartige Aufgabe, eine Stadt mit sauberem Wasser, sauberer Luft, sauberer Ernährung als in sich geschlossenen materiellen und energetischen Kreislauf zu entwerfen.«

Dennoch war die Entstehung der ersten Kapselstadt eine Art Zufallsprodukt. Durch Umweltverschmutzung, Klimawandel und Bevölkerungswachstum wurde der Lebensraum auf der Erde immer knapper, Kolonien im Weltall sollten dieses Problem lösen. Der Mars schien zur Besiedlung geeignet, ausführliche Studien über **Terraforming** begannen. Um pflanzliches Leben zu ermöglichen, sollte der Mars erwärmt und seine Atmosphäre mit CO_2 angereichert werden. Unter der Anleitung von Vilos Cohaagen führten Wissenschaftler erste Experimente durch, doch die Sauerstoffproduktion blieb weit hinter den Erwartungen zurück. Hunderte von Jahren wären nötig gewesen, um eine menschenfreundliche Atmosphäre mit ausreichend Sauerstoff und Stickstoff zu schaffen. Etliche Firmen gingen bankrott, da die hohen Kosten politisch nicht vermittelbar waren. Außerdem verlangten die Menschen angesichts ansteigender Flüchtlingsströme und sich ausbreitender **Klimakriege** nach einer schnellen Lösung. Statt den Mars in einen erdähnlichen Planeten zu verwandeln, sollten dort Kapseln mit terrestrischem Klima aufgestellt werden. Im Rahmen der Vorbereitungen wurde der Architekt beauftragt, erste Entwürfe anzufertigen und Tests durchzuführen. In einer Wüste baute er eine kleine Kapselwelt auf, die **Biosphere 2**, in der ein komplettes Ökosystem künstlich geschaffen wurde, das gegen die Außenwelt luft- und wasserdicht abgeschlossen war.

Zunächst wurde das Leben in dieser künstlichen Biosphäre ausgiebig getestet. Wissenschaftler lebten mehrere Jahre unabhängig von der langsam zugrunde gehenden ersten Biosphäre. Sie ernährten sich von selbst angebautem Gemüse und Getreide, gegen Ende des Experiments konnte man sogar erste Erfolge in der Viehzucht vermelden. Die Bilder vom biosphärengenährten Ferkel, über offenem Feuer am Spieß gebraten, gingen um die Welt. Aber die Tiere dienten nicht nur der Ernährung, das aus ihren Fäkalien gewonnene Biogas wurde zusätzlich zur Energiegewinnung genutzt.

»Beim Entwerfen dieser Kapselwelt habe ich mich intensiv mit Buckminster **Fuller** auseinandergesetzt, einem Architekten, Designer und Ingenieur, der das Prinzip der geodätischen Kuppeln entwickelt hat. Er ist für mich zu einer Art Vorbild geworden. Unseren Planeten nannte er in einem **Handbuch** von 1963 »Raumschiff Erde«. Als ich diese Schrift zum ersten Mal in der Hand hielt, wußte ich, daß Klimakapseln wie die Biosphäre die Lösung für alle Probleme unseres Planeten darstellen. Es ist gar nicht nötig, extraterrestrische Habitate zu entwickeln, wir können auch auf der Erde unsere eigenen, unabhängigen Biosphären konstruieren«, erzählt der Architekt begeistert. »Fuller hatte sogar die Idee, eine schützende Hülle über eine ganze Stadt zu bauen. Er wollte Manhattan mit einer riesigen Kuppel, dem **Dome over Manhattan**, überdecken. Als ich diesen Entwurf zum ersten Mal sah, stand mir unsere Kapselstadt eigentlich schon deutlich vor Augen.«

Aber es dauerte noch lange, bis auch Politiker sich für diese Lösung begeisterten. Dann wurde jedoch angesichts der drängenden Probleme auf einer internationalen Klimakonferenz der Bau mehrerer Kapselstädte beschlossen, verbunden mit einer Energieerhaltungskonvention. Jede Kapselstadt, so die Übereinkunft, müsse klimaneutral sein, dürfe keinen Müll produzieren und die Welt außerhalb der Kapsel nicht mit zusätzlichem CO_2 oder anderen Treibhausgasen belasten. »Die Errichtung der ersten Klimakapseln war nicht nur eine anspruchsvolle architektonische Aufgabe, sondern brachte auch neue geopolitische Probleme mit sich«, so der Architekt. »Denn natürlich können erst mal nicht alle Menschen in einer Kapselstadt wohnen.«

Zum gegenwärtigen Zeitpunkt können achtzehneinhalb Millionen Personen in der gerade fertiggestellten Stadt leben, zehn solcher Kapselstädte gibt es bereits auf der Welt, rund hundert weitere Städte sollen in den nächsten fünfzig Jahren entstehen und rund ein Viertel der Weltbevölkerung beheimaten. Noch sind die einzelnen Kapselstädte nicht miteinander verbunden, aber in Zukunft sollen sie ein dichtes Netzwerk bilden. Und irgendwann, das ist das erklärte Ziel der globalen Klimakonvention, sollen alle Menschen in einer gigantischen Kapselstruktur leben, die sie vor den schädlichen Einflüssen der Außenwelt schützt.

Doch im Moment müssen die, die keinen Platz in einer der neuen, geschützten Megalopolen finden, in den alten Siedlungen leben, die nicht sauber sind, in die keine gereinigte Luft ventiliert wird und wo das Wasser nicht gefiltert ist. Oder sie vegetieren in den Slums und informellen Lagern vor den Kapselstädten, die noch dreckiger sind. Bedingungen, unter denen man nur schwer überleben kann.

»Draußen vor den Städten«, berichtet der Architekt, »gibt es illegale Lager, die temporären Siedlungen der Flüchtlinge. Sie dürfen aber nicht zu uns herein.« Die meisten Flüchtlinge stammen aus verwüsteten und verseuchten Gebieten oder aus Kriegszonen und versuchen, in die Stadt einzudringen: »Sie sind illegale Einwanderer. Sie einzustellen, zu verpflegen oder zu verstecken ist ein Verbrechen. Diese Gesetze sind ein erster Schritt zum Schutz und zur Verteidigung unserer Stadt«, so der Architekt. Nicht nur die Kapsel, auch das weitverzweigte Netz der außerhalb der Stadthülle gelegenen Einrichtungen für das Recycling der Verbrauchsreste zur Energieerzeugung, Wasserrückgewinnung und Nahrungsmittelproduktion ist in eine komplexe Sicherheitsstruktur eingebunden.

»Die Gegner der Kapsel«, so der Architekt, »kritisieren dieses System der Abschottung, halten es für ungerecht und unmenschlich. Aber so ist Architektur nun mal. Architektur hat immer die Absicht, sich vom Klima unabhängig zu machen. Schutz vor Kälte, vor Regen und vor Feinden. Architektur ist immer ein Schutzraum. Das Leben unabhängig von der natürlichen Umgebung zu gestalten, das ist der alte Traum aller Baumeister«, erzählt der Architekt. »Seit Jahrhunderten bauen die Menschen sich Klimakapseln, ja, die **Klimakapsel** ist der Ursprung der Zivilisation. Was unterscheidet denn den Menschen vom Tier? Doch nicht die Sprache«, meint der Architekt, »die Sprache, die ist überschätzt, nein, es ist die Fähigkeit, sich einer unfreundlichen, feindlichen Umgebung anzupassen, schützende Hüllen herzustellen.« Die frühen Menschen hätten sich die Felle toter Tiere um den Körper gebunden, und dann hätten sie das gebaut, was man einstmals Häuser nannte, enge Höhlen aus Stein, die den Menschen vor Wind, Regen und Schnee schützten oder vor der sengenden Sonne. »Das ist doch auch nichts anderes als Abschottung, Ausgrenzung – man sichert sich eben gegen das gefährliche Außen ab. Früher hatten die Städte Mauern, um sich zu schützen. Heute sind wir architektonisch und technisch halt ein Stück weiter«, so der Architekt. »Die Kapselstadt ist einfach eine pragmatische Lösung für die aktuellen Probleme. Bald wird sie der ganzen Menschheit zugänglich sein. Aber damit die Kapsel funktioniert, damit alle Energie wiederverwertet werden kann, dürfen vorerst nicht zu viele Menschen in ihr wohnen.«

Der Architekt ist stolz auf sein Werk, doch die Kapselstädte sind nicht unumstritten. »Die Gegner der Kapselidee setzen Propagandalügen und Verleumdungen in die Welt«, empört sich der Architekt. »In dem Film **Logan's Run** wird die Geschichte einer Kapselstadt erzählt, in der die Menschen im Alter von dreißig Jahren getötet werden, um Platz zu schaffen für die nächste Generation. Aber so etwas machen wir doch nicht! Wer in der Kapselstadt lebt, kann natürlich so alt werden, wie er will. Und andere behaupten«, so der Architekt wütend, »die Menschen in der Kapselstadt hätten Angst vor dem richtigen Himmel, weil sie den Blick in die freie Weite nicht gewohnt seien.«

Genau diesen freien Blick in den Himmel gebe es in der Kapselstadt auch. Er sei sein Meisterwerk, berichtet der Architekt voller Stolz. Dank seiner Kunst könne man sich nun in den Klimakapseln frei bewegen, ohne die Hülle um sich herum wahrzunehmen. »Wir wollen, daß man im Inneren die Grenze nach außen nicht wahrnimmt. Von außen soll die Grenze allerdings sichtbar sein.«

Den Bewohnern die Illusion zu geben, sie lebten nicht in einer geschlossenen Welt, sei die größte Herausforderung beim Bau der Kapselstadt gewesen. An dieser optischen Auflösung der Grenzen, so der Architekt, hätten sich schon viele Künstler versucht. Mit wenig Erfolg, wie er findet: »Früher hat man blaue Farbe an die Kuppeldecken gepinselt und geglaubt, die Menschen würden das für den echten Himmel halten. Aber so einfach ist das nicht. Wir müssen die Grenzen subtiler gestalten.« Intensiv forschte der Architekt an der Entwicklung raffinierter Übergangszonen zwischen innen und außen. In seinem Labor arbeitete er mit Spiegeln, die die Hülle unsichtbar machen. Auch mit fein versprühten Wassertröpfchen hat er experimentiert, ein erstes Testgebäude entstand, das sich in einer sich selbst produzierenden **Wolke** versteckte. »Die von mir jetzt eingesetzte Lösung kann ich Ihnen gut an meinem R129 demonstrieren.« Die Hülle des R129 besteht aus Kunststoff, der äußerst leicht und transparent ist; das tragende Gerüst bilden Karbonhohlträger. Durch eine aufgebrachte elektrochrome Folie kann die Hülle abschnittsweise abgedunkelt oder vollkommen undurchsichtig werden, über einen Computer können Informationen, Bilder und Filme eingespielt werden. »Je nach Situation ändern wir die Außenhülle der Kapselstadt. Bei blauem Himmel schalten wir sie durchsichtig. Dann können die Bewohner die umliegende Berglandschaft genießen. Und wenn das Wetter schlecht ist, spielen wir ein von uns komponiertes Bild ein. Wie in einer Seifenblase ist man durch eine immaterielle Membran von der Umwelt getrennt und trotzdem vollkommen mit ihr vereint.«

Auch in den wenigen Pausen, die sich der Architekt bei der Arbeit gönnt, bleibt er am liebsten in seinem R129. Bei gutem Wetter ist der Ausblick besonders beeindruckend, dann setzt er sich in seinen **Cocoon Chair** und genießt in diesem **Glücksanzug** die Weite des Himmels. Der Architekt liebt die Kapselstadt, die große, fast unsichtbare Kuppel, die Sicherheit gibt und doch das Gefühl von **Freiheit** vermittelt. Ob Kapselstädte gerecht sind oder ungerecht, gut oder schlecht, diese Frage hat er sich nie gestellt. Er hat die Kapselstadt gebaut, weil man sie braucht. Und er hat versucht, sie so gut zu bauen wie möglich. Das heißt so, daß man nicht wahrnimmt, daß man in einer Kapsel ist, sondern sich frei fühlt, leicht und im unendlichen Raum schwebend. Und so geht für ihn mit der Kapselstadt ein alter Traum in Erfüllung: »Ich habe schon als Kind **Seifenblasen** geliebt, und mein Traum war immer, einmal in einer zu wohnen.«

Der Flüchtling

Sein Blick ruht auf dem Wasser, er sucht den Horizont nach Bewegungen ab. Die Sonne steht hoch, der Himmel ist klar. Seit Wochen sitzt der Flüchtling auf dem Dach des ausgebrannten Hochhauses und beobachtet die Bewegungen auf dem Wasser. Er wartet auf die **schwimmende Insel**.

Als er noch keine zehn Jahre alt war, vertrieben ihn eine große Dürre und vor allem die darauf folgenden Gemetzel um die noch verbliebenen Wasserquellen aus seiner Heimat. Nun, mit rund dreißig Jahren, ist seine Heimat das Flüchtling-Sein. Wie die meisten Flüchtlinge, die durch Natur- und Umweltkatastrophen, durch Überschwemmungen und Dürren, Kraftwerksexplosionen und Chemieunfälle, Ressourcen- und Bürgerkriege in die Welt hinausgetrieben wurden, hat er oft versucht, durch ein Schlupfloch in eine der Kapselstädte einzudringen. Doch Flüchtlinge sind dort nicht willkommen, sie werden abgewiesen, in ein **Auffanglager** gesteckt oder wieder in der Wüste ausgesetzt. Zwanzig Jahre lang ist der Flüchtling von einer Kapsel zur anderen gewandert, er verbrachte Jahre damit, neben dem Überlebensnotwendigen zusätzliches Geld zu verdienen, um Schleuser zu bezahlen und Sandmänner zu bestechen. So lebte er in den Slums und Zeltlagern, die sich im Umfeld der Kapseln gebildet hatten, arbeitete in den dort angesiedelten Sortieranlagen und Recyclingwerken, in denen aus dem Müll der Kapselstädte wieder Rohstoffe für neue Produkte gewonnen wurden. Wie viele Flüchtlinge wurde er so zu einem Teil der Kapselstadt, war Treibstoff für den Motor, der den **Kreislauf** der Kapselstadt am

Leben erhält. Und trotzdem wurde er nicht in die Gemeinschaft ihrer Bewohner aufgenommen, die Annehmlichkeiten des geschützten Alltags drinnen wurden ihm verwehrt. Er blieb ein Flüchtling, einer, der keine Heimat hat. Ein Unwillkommener. Und das nur, weil er auf der Suche nach einem Land ist, in dem er leben darf und überleben kann. Dabei hat er der Stadt viel gegeben. Jahrelang hat er in den Aufbereitungsanlagen gearbeitet, durch die ätzenden Dämpfe sind ihm Haare und Zähne ausgefallen, die Haut ist an mehreren Stellen verbrannt, gelblichbrauner Schorf bedeckt das abgestorbene Fleisch. Die Kapselstadt schließt die Flüchtlinge zwar aus, kann ihre Arbeitskraft aber gut gebrauchen, und so haben sich die Überlebensbedingungen der Kapselstadt in den Körper des Flüchtlings eingeschrieben.

Als er das erste Mal von der schwimmenden Insel hörte, die jeden Flüchtling aufnimmt, schenkte er der Geschichte keinen Glauben. Eine Stadt, die auf dem Meer treibt. Ein Ort, an dem Flüchtlinge sicher leben können. Ein Ort ohne Grenzen, der Menschen aufnimmt? Ein Ort ohne Gewalt und Krieg? Das konnte er nicht glauben. Er hatte schon viele solcher Geschichten gehört, sogar von **fliegenden Städten** wurde erzählt, Städten, in denen sich jeder frei bewegen könne, ohne Zugangserlaubnisse und Zutrittsverbote. Aber mit eigenen Augen gesehen hatte diese fliegende Stadt noch niemand, die Berichte blieben vage. Die Beschreibungen der schwimmenden Insel hingegen waren detailliert, und immer mehr Leute sprachen davon. Wie eine Blume solle sie aussehen, so hatte er in einem der Auffanglager gehört, wie eine sich öffnende Seerose, die auf dem Wasser schwimmt. **Lilypad** nennt man sie deshalb, die Seerose. 50 000 Menschen sollen auf ihr leben, außerdem Tiere und Pflanzen. »In der Mitte«, so hat der Flüchtling gehört, »befindet sich eine Lagune, in der das Regenwasser gesammelt und gereinigt wird.« Sauber soll diese schwimmende Stadt sein, mit Wind-, Wellen und Sonnenkraft ihre eigene **Energie** erzeugen. Die gesamte Nahrung wird angeblich auf der Insel produziert, sie sei unabhängig vom Rest der Welt und von deren Klima. Seit vielen Jahren soll sie auf dem Ozean schwimmen, und jedesmal wenn sie sich der Küste nähert, setzen neue, zukünftige Bewohner zu ihr über, auf Booten und selbstgebauten Flößen, die an sie andocken. Die Insel wird dadurch zu einem eigenen Organismus, zu einem immer größer werdenden Teppich aus Seerosen, die sich zur Sonne hin öffnen. Schön soll sie sein, mit hängenden Gärten, mehreren Marinas und sogar Bergen. So schön wie die Kapselstadt, in nichts steht sie ihr laut diesen Berichten nach. Aber anders als in der Kapselstadt herrschen auf der schwimmenden Insel Gleichheit und Gerechtigkeit. Wie die karibischen Piraten des 18. Jahrhunderts, so erzählt man sich in den Slums und Flüchtlingslagern, leben die Inselmenschen in **Freiheit** und Gleichheit. Entbunden von den Konkurrenzkämpfen der vom Klimawandel destabilisierten Weltwirtschaft, sollen die Inselmenschen eine Gesellschaft erschaffen haben, in der alle Güter gerecht verteilt werden.

Das Bild der schwimmenden Insel setzte sich im Kopf des Flüchtlings fest, er konnte es nicht mehr vergessen. »Wer die Seerose erreicht«, sagte er zu sich selbst, »der ist kein Flüchtling mehr, sondern ein Inselmensch, ein Pirat der Freiheit«.

Die Insel ist ein anderer Ort, ein Ort, der nichts nimmt und nichts gibt. Sie hat keine eigene Richtung, sondern treibt frei auf den Ozeanen herum. Einzig den Meeresströmungen ist sie ausgesetzt, und so weiß niemand genau, welche Küste sie als nächstes erreichen wird. Viele hält diese Ungewißheit von der Suche ab. Der Flüchtling jedoch will den Weg zur schwimmenden Insel finden, schließlich hat er nichts zu verlieren. Er will nicht länger ein Verzweifelter sein, an den Rändern der Kapselstädte sein Leben in der Reservearmee der Kapselstadt fristen, darauf hoffend, irgendwann eine Arbeit und eine Wohnzelle in der Kapsel zu erhalten. Er will endlich wieder eine Heimat haben.

Mehrere Jahre zieht er nun schon die Küsten entlang, immer auf der Suche nach einem Hinweis auf Lilypad. Tausende Kilometer hat er zurückgelegt. Auf Booten, Lastwagen, zu Fuß. Unter Stacheldraht hindurch und über Minenfelder. Viele Gegenden der Welt lernte er kennen, in Asien, in Afrika, in Europa. Er spürte den Gerüchten nach, versuchte, die Route ausfindig zu machen, die Strömungen zu verstehen, mit denen die Insel übers offene Meer treibt und sich hier und da einer Küste nähert.

Nach Jahren des Suchens begegnet ihm ein Wahrsager, der in Kontakt mit der Insel steht. Er sagt ihm, wann er die Seerose finden wird: »Eines Tages, um zwölf Uhr mittags, auf dem Punkt 321 Grad 21 Minuten und eine Sekunde westlicher Länge und 123 Grad 23 Minuten und drei Sekunden nördlicher Breite wird euch eine schwimmende Insel begegnen. Ihr dürft euch nicht verspäten, sonst treibt sie vorbei, und ihr findet sie nicht mehr. Diese Art von Insel ist sehr selten.«

Der Flüchtling macht sich auf den Weg zum angegebenen Ort und findet eine alte Hafenstadt. Die Stadt ist verlassen. Land und Wasser sind versalzt, giftige Dämpfe steigen aus alten Bohrlöchern empor. Überall liegt Müll, von Schwelbränden ziehen ätzende Rauchschwaden durch die Luft. Von der blühenden Vergangenheit des einst reichen Ortes ist nichts mehr zu sehen. Die wohlhabenden Bewohner haben ihn verlassen, leben jetzt in der zur Kapsel ausgebauten früheren Hauptstadt des Landes. Die wenigen Dagebliebenen hausen in den verfallenden Häusern am Rand der Stadt. Der Seehafen ist verschlammt, große Schiffe können hier nicht mehr einlaufen. In den letzten Jahrzehnten diente er noch als Schiffsfriedhof, regelmäßig landeten alte Schiffe zum Abwracken an. Die Reste der Wracks liegen zwischen den Sandbänken in Ufernähe.

Der Flüchtling ist nicht der einzige, der darauf hofft, daß bald die schwimmende Insel vorbeizieht, auch andere haben davon gehört. Zu Hunderten sind sie gekommen, füllen die zerfallende Stadt mit einem beinahe bunten Leben. Manche tragen alte, abgetragene **Refuge Wear,** hitzeabweisende Schutzanzüge, aus denen sich ein kleines Zelt ausfalten läßt. In trockenen und heißen Gegenden kann dieser Anzug lebensrettend sein, denn das silbern glänzende, die Hitze reflektierende Zelt bietet einen kühlenden Unterschlupf. Und die, die hier in der alten Hafenstadt angelangt sind, haben einen weiten Weg hinter sich, sind durch jene Gegenden gewandert, in denen die Erde ein **Wüstenplanet** ist. Die, die keine Zelte am Körper tragen, haben sich am Hafen Hütten gebaut oder sich in den zerfallenen und vom letzten Überfall zerschossenen Gebäuden eingenistet.

Die Flüchtlinge sind nicht gekommen, um hier zu leben. Sie sind auf der Durchreise zu einem Ort, von dem sie nicht wissen, ob es ihn wirklich gibt. Sie glauben an eine bessere Zukunft, die irgendwo draußen auf dem Meer treiben soll. Gemeinsam bauen sie deshalb aus dem Müll der Stadt, den Schiffswracks, den alten Gebälken der Hausdächer, aus Treibholz, alten Fässern, leeren Kanistern, einfach allem, was sie finden können, ein großes Floß, ein Floß, mit dem sie vom Hafen hinüber zur schwimmenden Insel gelangen wollen. Und im Umland sammeln sie Erde, versuchen, das Salz zu entfernen, das tief in den einst fruchtbaren Boden eingedrungen ist. Erde sei wichtig für das Leben auf der schwimmenden Insel, haben sie gehört.

Sobald die Insel am Horizont auftaucht, wollen sie losmachen. Jeder ist jederzeit aufbruchsbereit. Doch solange keine schwimmende Insel in Sicht ist, bleibt den Flüchtlingen nichts anderes übrig, als in der alten Stadt zu warten. Erde sammeln. Weiter an dem Floß bauen. Warten. Aber inmitten der geisterhaften Kulisse des Verfalls trägt die Hoffnung sie von Tag zu Tag. Zweifel lohnen sich nur für die, die Alternativen haben.

Jeden Tag, kurz bevor die Sonne im Zenit steht, geht der Flüchtling die Anhöhe hinauf. Unten im Hafen bauen die anderen weiter am Floß, um bereit zu sein für den großen Moment. Er steigt über die alte Fluchttreppe auf das Dach des ausgebrannten Hochhauses. Von dort hat man die beste Sicht. Und so sitzt der Flüchtling in der Mittagssonne auf dem Hochhaus, blickt auf die Weite des Meeres und sucht den Horizont nach der schwimmenden Insel ab.

Der Sandmann

Leise läuft der Sandmann über den Wüstenboden. Er hat eine Spur entdeckt, höchstens ein paar Stunden alt, nur wenige Sandkörner wurden in die Fußabdrücke geweht. Die Spuren sind tief, die Ballen wesentlich stärker als die Fersen, das Schrittmaß groß, wahrscheinlich ein rennender Mann. Der Sandmann beschleunigt seinen Schritt, zieht seine Waffe. Hier draußen in der Geröllwüste des Gebirgslandes hat eigentlich niemand etwas verloren, manchmal verirren sich Flüchtlinge hierher, die im Gebirge vom Weg abgekommen sind oder von den Schleusern ausgesetzt wurden, weil sie nicht genug Geld für den Transit ins tiefer gelegene Tal der Kapselstadt hatten. Vielleicht stammt die Spur auch von einem Widerstandskämpfer, der in das Energiezentrum eindringen will. Im Sicherheitsbereich, im Umkreis von fünf Kilometern um das Energiezentrum, muß er Eindringlinge festnehmen, Gebrauch der Waffe nach Vorwarnung. In der roten Zone, tausend Meter um das Zentrum, darf er die Waffe sofort benutzen. Die Spur führt in die rote Zone, weist aber nicht auf das Energiezentrum, sondern auf den Rand, wo sich die leerstehenden Hallen der früheren Mastanlagen befinden. Der Sandmann ist ein Krieger, er ist stolz auf seine Waffen. Töten ist sein Geschäft.

Das Energiezentrum, für dessen Sicherheit der Sandmann zuständig ist, befindet sich weit außerhalb der Kapselstadt in der gebirgigen Wüste. Auch wenn die Kapselstadt für sich in Anspruch nimmt, autark zu sein, vorgibt, einen geschlossenen **Kreislauf** zu bilden, werden ihr von außen **Energie**, Lebensmittel und Wasser zugeführt. Früher waren Nahrungs- und Energiegewinnung miteinander verknüpft; in riesigen Anlagen wurden Schweine und Rinder gezüchtet, neben Fleisch und Milch produzierten sie **Methan** für die Kraftwerke der Kapselstadt. Doch die Aufzucht von Tieren verbraucht viel **Biomasse**; selbst wenn man die Schweine und Rinder mit Müll füttert, fressen sie zuviel. Seit sich das Herstellen von Biomasse erheblich verteuert hat, ist die Nahrungsversorgung in den Kapselstädten rein vegetarisch. Die großen Mastanlagen wurden geschlossen und effizientere Formen der Energie- und Nahrungsmittelproduktion eingeführt. Die benötigte Energie stammt nicht mehr von tierischem Methan, sondern aus anderen Quellen; ein Teil wird dem Meer abgerungen, ein Teil der Erde, ein Teil dem Wind, ein Teil der Sonne. Diese externen, nichtendlichen Ressourcen sind Grundlage des Lebens in der Kapselstadt, sie sind das Fundament des Wohlstands, Hoffnungsträger der **Zukunft**. Denn irgendwann, so der Glaube der Menschen in der Stadt, sollen alle Menschen so leben können wie die Bewohner der Kapsel. Doch dazu braucht man Energie, saubere Energie, Energie mit Zukunft. Wie die der Sonne.

Für die Flüchtlinge, die sich auf den Weg zur Kapselstadt machen, ist die Wüste die größte Gefahr, die sengende Sonne bringt oft genug den sicheren Tod. Doch für die Bewohner der Kapselstädte bedeutet die Wüste Leben, hier gewinnen sie mit ihren Sonnensammlern die Energie, mit der sie die Innenwelt der Kapseln temperieren. Die Wüsten der Erde haben die Ingenieure der Kapselstädte mit riesigen Feldern aus beweglichen Spiegeln bedeckt, diese neue Form der Energiegewinnung nennen sie **Wüstentechnologie**. Die Spiegel folgen dem Lauf der Sonne und bündeln das Sonnenlicht wie Brenngläser. Wasser wird zu Dampf erhitzt, aus dem entstehenden Druck gewinnt man Strom für die Kapseln. Den Wüstenmenschen hat man die Flächen unter den Spiegelfeldern zur Landwirtschaft überlassen. Dort ist die Saat vor der

Sonne geschützt, und das an den Spiegelunterseiten entstehende Kondenswasser dient der Bewässerung. Inmitten der Spiegelfelder stehen immer wieder Türme, bis zu zweitausend Meter hoch. Auch sie werden zur Stromerzeugung genutzt. Die Sonne erwärmt durch große Glasdächer den darunterliegenden Raum, die erwärmte Luft steigt durch den riesigen Turm wie in einem Kamin auf, der so entstandene Aufwind wird mit Turbinen in Strom umgewandelt. Diese Aufwindkraftwerke, so die Energieingenieure, sind zusätzlich visuelle Belebungen der ansonsten kargen Landschaft und passen gut zu den die Hochebene umgebenden Bergzügen.

Doch die Energieversorgung der Kapselstadt basiert auf einer Lüge, denn die nachhaltigen Energien können nicht den gesamten Bedarf der Städte decken. Deshalb hat man außerhalb der Kapsel das Kraftwerk einer ehemaligen Schweine- und Rinderzuchtanlage reaktiviert. Statt wie früher mit Methan wird es nun von einer geheimen, noch nicht erschöpften Erdgasquelle gespeist. Damit dieser Verstoß gegen die internationale Konvention, die die Kapselstädte zur Klimaneutralität verpflichtet, nicht auffällt, wird er vertuscht: Ein Pumpwerk entsorgt das entstehende CO_2 in unterirdischen Lagerstätten, einen Teil unter dem Meer, einen Teil im porösen Felsgrund der Wüste.

Diese komplexen und geheimen Anlagen der Energiewirtschaft müssen geschützt werden, denn draußen, außerhalb der Kapseln, leben die Feinde der Kapselwelt. Nicht nur Flüchtlinge, die in die gesicherten Städte eindringen wollen, gefährden Ordnung und Sicherheit, sondern vor allem die Widerstandskämpfer, die Krieg gegen das Netz aus Kapseln führen und terroristische Anschläge verüben. Früher haben sie vor allem versucht, Schlupflöcher in die Kapselhüllen zu sprengen, damit Flüchtlinge leichter eindringen können. Aber in letzter Zeit konzentrieren sie sich stärker auf die Infrastruktur der Städte. Ein häufiges Ziel der Anschläge ist die Energieversorgung, der wunde Punkt der Kapseln. Aber auch gutes Ackerland und die **Offshore**-Plantagen sind vor ihnen nicht sicher und müssen bewacht werden, genauso wie die Abfallbeseitigungsanlagen, die **Soylent**-Fabriken und die Planktonschiffe.

Die Kapselstädte selber werden von den Sicherheitskräften des Franchise-Unternehmens bewacht, aber für die Verteidigung der externen Energieversorgung und Nahrungsmittelproduktion wurden Angehörige der lokalen Stämme in Dienst genommen. Draußen in der Wüste oder den landwirtschaftlichen Einöden wollen die Kapselmenschen nicht ihre Zeit verbringen.

Anders der Sandmann. Er will gar nicht in der Kapselstadt wohnen. Er ist ein Wüstenmensch, in der Gebirgswüste geboren, und da will er auch leben und sterben. Sein Stamm siedelte bereits im Gebirge, als die Hochebene noch eine halbwegs fruchtbare Steppe war. Und auch später, als es trokkener und heißer wurde, ermöglichten karge Vegetation und hier und da eine Wasserquelle ein einfaches, aber freies nomadisches Leben. Als aber Wasser und Regen komplett verschwanden, bot das Land keine Möglichkeit mehr zum Überleben, die meisten Stammesangehörigen verließen das nun völlig unfruchtbare Gebirge. Dann kamen die Energieingenieure und stellten in der Hochebene die Sonnensammler auf.

Doch nicht der ganze Stamm zog weiter, einige blieben, darunter auch der Vater des Sandmanns. Er stemmte sich gegen die unaufhaltsamen Veränderungen. Als einer der Oberen seines Clans wollte er seine Heimat nicht aufgeben, nicht zum Flüchtling werden. Als stolzer Krieger kämpfte er gegen den Bau der großen Sonnensammler, sprengte Strommasten und beschoß die Transporte. So wuchs der Sandmann im permanenten Kriegszustand auf, schon als Jugendlicher war er ein erfahrener Kämpfer, vertraut mit Waffen und Kampftechniken, vernetzt mit den anderen Widerstandsgruppen der Region. Für den Sandmann war es selbstverständlich, daß er sein Leben lang zu den Kriegern zählen würde. Doch dann erkannte er, daß der Kampf gegen die Kapselstadt sinnlos war, es nichts zu gewinnen, sondern nur alles zu verlieren gab. Seitdem kämpft er nicht aus Überzeugung, sondern um seinen Lebensunterhalt zu sichern. Er konnte in seiner Heimat bleiben, auch wenn er nicht mehr sein eigener Herr war.

Nun muß er also die Energiezentrale bewachen. Die Ingenieure haben ihm erklärt, was er über die große Anlage wissen muß, sie zeigten ihm die Spiegel, die in Richtung Sonne zeigen sollten, und die vielen kleinen Reflektoren, mit denen das Licht gebündelt wird. Eine Aufgabe des Sandmanns besteht darin, diese Reflektoren sauberzuhalten. Er schützt die Anlage gegen die Wüste. Denn wenn der Wüstenstaub, der feine Sand, der in jede Ritze der Kleidung dringt, sich zu dicht auf die Spiegel legt, reflektieren sie nicht mehr, der Energiefluß in Richtung der Kapselstädte versiegt. Auch die Aufwindkraftwerke haben die Techniker dem Sandmann erklärt. Die Folien, unter denen sich die Luft erwärmt, müssen nicht so sauber sein wie die Spiegel, aber auf keinen Fall dürfen sie Löcher haben, durch die die erwärmte Luft entweichen könnte. Die ehemaligen Anlagen zur Rinder- und Schweinezucht zeigt man ihm nicht, dort seien nur Ersatzteile gelagert, die die Ingenieure zur Wartung ihrer Geräte benötigten. Aber die kämen einmal im Monat vorbei, da müsse er sich keine Gedanken machen.

Für die Reinigung und Pflege der Anlagen hat der Sandmann Hilfskräfte. Rund tausend Menschen – Männer, Frauen, Kinder – leben am Rande der großen Energieanlage, innerhalb des Sicherheitsbereichs, aber nicht in der roten Zone. Dort, wo früher die Zelte seines Stammes standen und eine kleine Oase den Mittelpunkt seiner Welt bildete, stehen heute die Hütten der Hilfskräfte, zusammengebastelt aus Blech und Plastikplanen. Kein schöner Ort, aber einer, an dem man es aushalten kann, schließlich sollen die Hilfskräfte hier nicht nur leben, sondern auch Kinder kriegen. Kinder sind wichtig, denn sie sind besonders geschickt darin, die kleinen Reflektoren zu putzen. Rund ein Drittel der Helfer sind Stammesangehörige, die anderen sind Flüchtlinge aus anderen Teilen der Welt. Sie sind hier gestrandet, oder besser: vom Sandmann aufgesammelt worden, wenn sie nach dem Versuch, aus einem der **Auffanglager** zu fliehen, von den Wächtern der Kapselstadt in der Wüste ausgesetzt wurden. Er greift sie dort auf, rettet ihnen dadurch das Leben. Im Gegenzug müssen sie für ihn in der Energieanlage arbeiten; sie sind die Arbeitsreserve seiner Putzkolonne, Sklaven der Klimamigration. »Eigentlich ist die Energiezentrale eine **SlaveCity**, und ich arbeite ihr zu«, denkt der Sandmann. Um ihren Wohlstand aufrechtzuerhalten, exportiert die Kapsel die Ungleichheit nach außen, in die sie versorgenden Gebiete. Manchmal, wenn der Sandmann sich sein Reich ansieht, die schäbigen Zelthütten der Hilfskräfte, sehnt er sich zurück nach dem Stolz seines Vaters, der, unbeugsam, sich nicht wie er an die Kapselstadt verkauft hat.

Wenigstens sind die Pflege und Reinigung der Solarspiegel nicht seine einzige Funktion. Er hat noch eine würdevollere Aufgabe als die der solaren Reinigungskraft. Er ist auch Beschützer, Sicherheitsmann und Krieger. Er verteidigt die Energieproduktion gegen Anschläge der Widerstandskämpfer. Der Sandmann patrouilliert in der Wüste, seiner Heimat, in der er jeden Millimeter kennt. Er kontrolliert die Pfade und Schleichwege zwischen den Dünen und Geröllbergen, geht in die unterirdischen Höhlen, jagt Widerstandskämpfer, versucht, Waffenlager und illegale Flüchtlinge zu entdecken. Der Sandmann ist ein Nomade; er sucht nicht nach einer festen Heimat. Seine Stärke ist es, sich dem Wüstenterrain anpassen zu können, Fährten zu lesen, Spuren zu finden. Als Nomadenkämpfer ist er ein kleiner, lokaler Kriegsherr, ein Warlord der untersten Ebene, ein Krieger, der von der Kapselwelt profitiert.

Jeden Tag patrouilliert er im Sicherheitsbereich, manchmal zieht er auch weiter hinaus in die Wüste. Mehrere Tage ist er dann unterwegs, rund um die Uhr. Um in der sengenden Hitze überleben zu können, trägt er einen **Schutzanzug**. Die alten Schutzanzüge, wegen des integrierten Zelts **Refuge Wear** genannt, reflektierten das Sonnenlicht. Das kühlte, aber die Reflexion, das Blitzen, war weithin sichtbar, es kündigte ihn den Feinden schon aus der Ferne an. Nun gibt es neue Anzüge. Ein paar Sandmänner gaben ihre überflüssige alte Schutzkleidung an die Bewohner nordafrikanischer Flüchtlingslager weiter, die meisten verkauften sie an die Schwarzhändler im Umfeld der Kapselstädte. Die Anzüge werden häufig von Flüchtlingen erworben, die sich auf den Marsch durch die Wüste vorbereiten wollen. Deshalb nennen die Sandmänner ihre alten Anzüge nicht mehr Refuge Wear, sondern Refugee Wear – Flüchtlingskleidung.

Das neue Modell, ein Fremen-Schutzanzug, ist schwarz und reflektiert nicht. Die beigelegte Werbebroschüre preist ihn als einen »Hochleistungsfilter, ein Hitzeaustauschsystem. Der abgesonderte Schweiß dringt durch die erste Schicht und wird in der zweiten gesammelt. Das Salz wird herausgefiltert. Atmen und Laufen aktivieren das Pumpsystem. Das aufbereitete Wasser fließt in sogenannte Auffangtaschen. Man kann es trinken aus diesem Schlauch an Ihrer Schulter. Urin und Kot werden im Schenkelkissen verarbeitet. In der offenen Wüste dürfen Sie nicht vergessen, durch den Mund ein- und durch den Nasenschlauch auszuatmen. Mit einem Fremen-Schutzanzug, der in Ordnung ist, kann man wochenlang überleben. Selbst in der tiefsten Wüste ...«

Mit dem neuen Anzug geht der Sandmann nun auch mittags in die Wüste. Mit den alten Modellen hat er die heißeste Zeit des Tages gemieden, aber er wußte, daß er dadurch einige besonders hart gesottene Flüchtlinge und Widerstandskämpfer hatte passieren lassen. Nun, mit dem neuen Anzug, kann er seine Aufgaben noch besser erfüllen.

Der Sandmann kann den Eindringling noch nicht sehen, aber es bleiben nur wenige Meter bis zum Felsvorsprung, hinter dem sich das tiefer liegende Tal öffnet. In der Mitte des Wadis verläuft der Zaun, der Sicherheitsgebiet und rote Zone trennt. Endlich der letzte Geröllhaufen, dahinter hat er freie Sicht. Der Sandmann sieht den Eindringling direkt auf den Zaun zurennen, der den Sicherheitsbereich von der roten Zone trennt. Der Mann trägt Refuge Wear, eines der älteren Schutzanzugmodelle. Der Sandmann hebt die Waffe, ruft »Halt!«. Er gibt einen Warnschuß in die Luft ab. Der Eindringling dreht sich nicht um, sondern reißt ein Loch in den Zaun, kriecht auf die andere Seite. Der Sandmann könnte jetzt gezielt auf den Mann schießen, der Eindringling ist bereits in der roten Zone. Freies Schußfeld. Aber der Eindringling steuert nicht auf das Energiezentrum zu, sondern auf die ehemaligen Anlagen für Schweinezucht. »Dort kann er keinen großen Schaden anrichten«, denkt sich der Sandmann, »dort findet er eh nur die Ersatzteile für die Maschinen. Er sucht wahrscheinlich nach Wasser. Wie die anderen Flüchtlinge.« Es sollen wieder viele Flüchtlinge unterwegs sein, das haben ihm andere Sandmänner erzählt. Einiges ist in Veränderung, das spürt der Sandmann. Sogar von Sandmännern, die den Dienst für die Kapselstadt quittiert und sich auf die Seite der Widerstandskämpfer geschlagen haben, wird geredet. Er nimmt wieder den Mann in den Blick, der inzwischen vom Zaun weg und in den Sicherheitsbereich gerannt ist. Vielleicht ist es ein alter Stammesangehöriger, der noch mal zurück zu seinem Geburtsort will, den einzigen Sehnsuchtsort der Wüstennomaden, die **Oase Nr. 7**, um die herum die Zelte stehen. »Die wird er eh nicht finden«, denkt der Sandmann wehmütig, »da stehen jetzt nur noch die schäbigen Hütten der Hilfskräfte. Und die Quelle ist längst versiegt.« Er senkt das Gewehr, zwei verdurstete Flüchtlinge hat er heute schon gefunden. Eigentlich genug Leichen für einen Tag. Der rennende Mann ist nun fast außer Schußweite, reflexartig legt der Sandmann das Gewehr wieder an.

Der Pflanzer

Inmitten der Kapselstadt befindet sich das **Museum der Natur**. Hier wachsen Pflanzen aus allen Teilen der Welt. Einige sind ausgestellt, als Erlebnisraum für die Kapselbewohner inszeniert, andere werden aufgepäppelt bzw. restauriert, um später außerhalb der Kapsel ausgesetzt zu werden. »Ich baue feste Gebäude, in denen große Ökosysteme geschützt und erhalten werden können«, beschreibt der Pflanzer seine Tätigkeit. »Die festen Gebäude schützen Wälder, Seen und Flüsse vor Verschmutzung, und was noch wichtiger ist, vor den Taten der Menschheit.« Er liebt Pflanzen, und deshalb macht er sich Sorgen, was mit der Pflanzenwelt außerhalb der Kapseln geschehen wird: »Wenn ich in die Zukunft blicke, bin ich nicht sehr glücklich.«

Lange Jahre lebte der Pflanzer fernab der Zivilisation der Kapselstadt, inmitten der Natur. Er wohnte in einer eigenen kleinen Kapsel. In den perfekt geformten Rotationskörper mit kreisrundem Grundriß und ovalem Querschnitt passen genau ein Bett, eine Naßzelle, eine Sitzlandschaft und eine kleine Küche. Vier Beine lassen diese Kapseln zwei Meter über dem Boden schweben, angeliefert werden sie aus der Luft, mit einem Hubschrauber können sie unkompliziert von Ort zu Ort gebracht werden. Sie sind ideal als mobile Forschungsstationen. Für den Pflanzer bedeutete seine Kapsel daher keine Abgrenzung von der Natur, sondern sie eröffnete ihm die Möglichkeit, in der unberührten Landschaft zu leben – für ihn das gebaute Versprechen einer besseren Zukunft: einer Existenz fernab der allgegenwärtigen Administration der Kapselstadt, die den Alltag der Bürger bis ins kleinste reguliert. **Futuro** hat er sein Haus deshalb genannt: **Zukunft**.

Das Futuro-Haus stand in einer fruchtbaren Hochebene südlich des Kilimandscharo. Hier betreute der Pflanzer eine **Offshore-Farm** seiner Heimatkapsel. Solche Agrarbetriebe wurden infolge der **Landverknappung** eingerichtet. Denn während die Bevölkerung in den Kapselstädten immer weiter wuchs, gingen in ihrem Umfeld kontinuierlich Anbauflächen für die Landwirtschaft verloren: Klimaerwärmung, Überschwemmungen und Umweltvergiftung fraßen das fruchtbare Land in rasendem Tempo. In der Umgebung der Kapselstadt konnte nicht mehr genügend Nahrung für alle Bewohner angebaut werden. Die Politiker der reichen Kapselstädte hatten deshalb fruchtbare Gebiete in ärmeren, noch wenig entwickelten Gegenden in Asien und Afrika erworben oder gepachtet. Farmer aus den Kapselstädten bauten dort Reis, Getreide und Viehfutter an, später produzierten sie auch **Biomasse** für die Energieversorgung. Diese Art von Landwirtschaft nannte man – in Erinnerung an frühere Formen der Erdöl- und Gasgewinnung im Meer – Offshore Farming.

Der Pflanzer war, wie viele Kapselbewohner, der Überzeugung, seine Farm trage zum Wohlstand in den ärmeren Regionen bei. Gewächshäuser, moderne Maschinen, Bewässerungsanlagen, Arbeitsplätze – all das käme auch der wirtschaftlichen Entwicklung der lokal ansässigen Bevölkerung zugute. Doch die Dinge entwickelten sich anders, der Nahrungsbedarf in den Kapselstädten stieg weiter an. Und rund um die Offshore-Plantagen kam es zu Unruhen, da während der regelmäßig auftretenden Dürren und Trockenzeiten nicht mehr genug Nahrung für die Bevölkerung vor Ort aufgebracht werden konnte. Die Produktion von Biomasse für die Kapselstadt hatte Vorrang. Immer häufiger versammelten sich Aufständische zu Überfällen auf die Plantagen, Produktionsanlagen wurden zerstört, es kam zu Plünderungen. Die

Farmen glichen Festungen. Als die Sandmänner, zum Schutz der Plantagen angeheuerte Kämpfer, zu den Aufständischen überliefen, geriet die Situation außer Kontrolle. Doch die Regierung der Kapselstadt setzte weiter auf Abschottung und baute die Sicherheitsanlagen aus. Die meisten Offshore-Farmen gab man wenig später auf, nur diejenigen, die nicht zu weit von den Kapseln entfernt waren, wurden erhalten und zu gesicherten, direkt mit der Mutterstadt verbundenen Satelliten umgestaltet. Die Kapselbewohner durften die Ein- und Ausgänge ihrer Stadt von nun an nur noch mit bestimmten Erlaubnispapieren, den **Papeles**, passieren. In dieser Zeit mußte auch der Pflanzer die Hochebene verlassen, sein Futuro wurde zurück in die Kapselstadt transportiert.

Parallel arbeiteten die Architekten und Ingenieure der **Klimakapseln** an Alternativen zum Offshore-Farming. Sie integrierten die Lebensmittelversorgung in die Architektur der Kapsel, indem sie den Straßenraum, die Dächer und die Fassaden zu Anbauflächen umgestalteten. Seitdem sind die vorhandenen Gebäude mit grünen Fassaden ausgerüstet. In diesen **vertikalen Gärten** wachsen in dünnen Röhren **Algen**, die aufgrund ihres hohen Proteingehalts inzwischen das Hauptnahrungsmittel der Kapselwelt darstellen. Der Pflanzer ist kein Freund der synthetischen Nahrungsmittel, aber immerhin bleiben ihm für den aufwendigen Anbau traditioneller Nährpflanzen die Dachflächen in der Kapsel. Gemeinsam mit den in den Straßenräumen aufgestellten **Luftbäumen**, zylindrischen Bauten mit mehreren baumbestandenen Stockwerken, tragen diese neuen Stadtoberflächen über den Anbau von Nahrungsmitteln hinaus auch noch zur Reinigung der Luft bei.

Die Nahrungsmittelproduktion wurde von der Außenwelt unabhängig. Eigentlich hätten die Bewohner ruhig und zufrieden sein können. Doch es kursierten erschreckende Gerüchte, wahrscheinlich von Widerstandskämpfern gestreut: Das neue, aus Algen extrahierte Vollnahrungsmittel **Soylent Green** bestehe aus Menschenfleisch. Die Körper der Verstorbenen würden zu Nahrung recycelt, um die vorhandenen Proteine und Nährstoffe optimal zu nutzen und keine Lücke in Wertstoffkreislauf und Wertschöpfung entstehen zu lassen.

Der Plan der Rebellen ging auf: Der soziale Zusammenhalt in der Kapsel wurde brüchig. Die Kapselmenschen begannen, der Regierung zu mißtrauen. Sie fingen an, über Alternativen zur Kapsel nachzudenken. Besonders Mutige beließen es nicht bei Spekulationen; sie verließen ihre heile Welt, um außerhalb der Kapsel nach einer anderen Existenzweise zu suchen, nach neuen, freieren Lebensformen.

Die Regierung konnte dem Exodus nicht tatenlos zusehen. Ein dreistufiger »Plan zur Rückgewinnung des Vertrauens der Bevölkerung« wurde ins Leben gerufen. Zunächst sollten innerhalb der Klimakapseln Naturräume eingerichtet werden, in denen die Menschen Tiere und Pflanzen hautnah erleben konnten. Außerdem sollten außerhalb der Kapsel noch existierende ausgewählte Pflanzen einen Schutzraum erhalten, um sie für die Zukunft zu erhalten. Und da man schließlich nicht wußte, was die Zukunft bringen würde, schickte man Kapseln mit dem biologischen Erbe der Menschheit in den Weltraum. Falls einmal ein atomarer oder biotechnologischer GAU das Leben auf der Erde vernichten würde, ließe sich somit zumindest auf die im All gesicherten genetischen Informationen zurückgreifen.

Mit der Konzeption der neuen Pflanzenhabitate betraute die Regierung den Pflanzer. Seine Aufgabe bestand darin, einen Ausgleichsraum zu schaffen, der die Bedürfnisse der Kapselbewohner befriedigen sollte: ein Museum der Natur, das, einem natürlichen Lern- und Erlebnispark gleich, eine beinahe authentische Naturerfahrung ermöglicht. Der Pflanzer schlug vor, innerhalb der Kapsel einige kleine Kuppeln zu errichten, unter denen, abgeschottet vom Binnenklima der Kapsel, verschiedene Vegetationszonen simuliert werden sollten –

tropisch, arktisch, gemäßigt: Kapseln in der Kapsel. Hier sollten die Besucher Flora und Fauna aus der gesamten Welt bestaunen können.

Seitdem wohnt der Pflanzer sogar in diesem künstlichen Paradies, denn sein Futuro hat er mitgenommen, schließlich ist es eine mobile Wohneinheit. Er überwacht das Wachstum der Pflanzen, gießt, düngt und jätet das Unkraut. »Hier«, erklärt der Pflanzer, »wird das Naturerlebnis zur Vergnügungsfahrt für Touristen, und eine schöne Landschaft verwandelt sich in eine meditative Theatervorführung.« Durch ihre aufwendige Inszenierung wird die Natur in der Kapsel zu einer Art Ersatzreligion; und um der zunehmend sakrale Formen annehmenden Natursehnsucht der Kapselmenschen entgegenzukommen, hat man im Museum der Natur Andachtsräume errichtet. »Hier können die Bewohner der Natur huldigen. Jede Blume, jeden Baum können sie stellvertretend für das Ganze anbeten.« Die Kapselmenschen sind begeistert von der neuen Natur in ihrer Stadt, von der ungekannten Ursprünglichkeit, die sie hier erleben können. Ein Name für das Museum war rasch gefunden: Die Kapselbewohner nennen es nur noch den Garten **Eden**. Die allgegenwärtige Naturverehrung findet ihren Höhepunkt im jährlich wiederkehrenden »Fest der Natur«, bei dem neue Kapseln mit Pflanzensamen in den Weltraum geschossen werden. Im Rahmen der gemeinsamen Feier werden nicht nur der Wald und die Bäume verehrt, man gedenkt auch der Menschen, die außerhalb der Kapselwelt Schutzräume für die noch existierenden Pflanzen bauen und kranke Bäume, Sträucher und Blumen zur Restaurierung ins Museum der Natur bringen. Dann spricht der Pflanzer gemeinsam mit den Besuchern das Gebet des Garten Eden: »Heute bitten wir demütig um Vergebung, indem wir dir diese letzten Wälder unseres einst so schönen Vaterlandes weihen. In der Hoffnung, daß sie eines Tages zurückkehren, um unsere verseuchte Erde zu schmücken. Möge Gott bis zu diesem Tag diese Gärten und die tapferen Männer, die sie pflegen, segnen.« Der Pflanzer hat eine Vision, er träumt davon, daß die Natur sich eines Tages von seinem Garten aus wieder über den verwüsteten Planeten ausbreitet. »Findest du es nicht an der Zeit, daß jemand mal wieder einen Traum hat. Glaubst du nicht, daß es Zeit wird, daß mal wieder jemand Interesse an einem Traum hat? Was ist mit den Wäldern? Findest du nicht, daß sich einer für sie einsetzen müßte? Was soll werden, wenn diese Wälder und all diese unbeschreibliche Schönheit für immer verloren sind?« Deshalb beläßt es der Pflanzer nicht bei Gebeten. Jeden Mittag, wenn die Sonne hoch am Himmel steht und die Photosynthese am stärksten ist, setzt er einen neuen Sprößling in seinem künstlichen Garten Eden.

Der Wettermacher

Nicht alle Menschen sind glücklich in der Kapselwelt. Zu denen, die die schützende Hülle verlassen haben, zählt auch der Wettermacher. Er versucht, draußen Menschenleben zu retten. Dort zieht er nun mit einer selbstgebauten Wettermaschine umher.

Dabei war er eigentlich lange Zeit ein zufriedener und stolzer Kapselbewohner. Er war mit allem ausgestattet, was man sich wünschen konnte: einem Drizzler, dem neuesten **Environment Transformer**, den er aufsetzte, wenn er die Wirklichkeit um sich herum ganz anders wahrnehmen wollte, und einem erstklassigen **Bio-Adapter**, mit dem er guten Sex haben konnte. Und als wären diese kleinen Fluchten aus dem Alltag immer noch nicht genug, ging er mehrmals im Jahr in einer **Walking City** auf Safari. Kurzum, er genoß das glückliche Kapselleben.

Sein Geld verdiente er als Meteorologe. In einem großen Labor erforschte er Technologien zur künstlichen Niederschlagserzeugung. Das Institut, in dem er arbeitete, war eine der führenden Einrichtungen auf diesem Gebiet. Als die extremen Hitze- und Kälteereignisse sich häuften, leitete es eine neue Phase der Forschung ein. Nun sollten nicht mehr die Möglichkeiten zur Verhinderung des Klimawandels untersucht werden, sondern die aktive Gestaltung des Wetters. Man fragte nicht länger nach CO_2-Reduktion, sondern: »Wie kann man das Wetter verändern?«

Der Wettermacher recherchierte über Regenmacher. Er untersuchte animistische Wetterkulte, die verschiedenen regionalen, teilweise uralten Formen der Regenbeschwörung. In seinem Labor führte er Meßreihen zu den Gehirnströmen afrikanischer Schamanen durch. Auch einen Regenmacher aus Australien hatte er sich bei der Stelle für Immigration genehmigen lassen, bald sollte er zudem den Medizinmann eines indigenen Stammes aus Alaska erhalten. Er wollte herausfinden, ob der menschliche Geist tatsächlich in der Lage ist, das Wetter zu beeinflussen. Lange war sein Projekt finanziell großzügig unterstützt worden, die ersten Ergebnisse waren vielversprechend.

Das änderte sich, als ein anderes Forschungsvorhaben des Laboratoriums erste Erfolge zeigte. Ein Kollege hatte entdeckt, daß das Einbringen von Trockeneis in **Wolken** zu Niederschlag führt. Alle Anstrengungen des Labors richteten sich nun auf dieses Projekt, Flugzeuge wurden umgerüstet, große Experimente über das **Impfen** von Wolken begannen. Man fand heraus, daß nicht nur Eis, sondern auch verschiedene Chemikalien, vor allem Silberiodid, das Verhalten von Wolken massiv veränderten. Das Wetterprojekt entwickelte sich weiter, bald konnte das Laboratorium Wolken abregnen lassen, wann und wo immer es wollte.

Die Regierung der Kapselstadt hatte kein Interesse an der Möglichkeit, mit der neuen Technologie trockene Gebiete mit Regen zu versorgen. Die Politiker wollten nicht helfen, es ging ihnen nicht darum, Leben zu retten. Ziel der Forschung war das genaue Gegenteil. Das Institut entwickelte sich zu einer Spezialeinheit für die Entwicklung von **Wetterwaffen**, man suchte nach Wegen, das Wetter zu militärischen Zwecken gezielt zu beeinflussen. Man experimentierte mit künstlichen Unwettern und Dürren, die militärische Gegner und aufständische Stämme in den Wüstenregionen zur Aufgabe ihres Widerstands zwingen sollten.

An solchen Projekten wollte der Wettermacher sich nicht beteiligen. Er kündigte seine Stelle am Wetterforschungsinstitut und arbeitet seitdem auf eigene Faust. Bei seinen ethnologischen Studien stößt er auf die Arbeiten eines Vorgängers, der mit Hilfe einer sehr einfachen Technik und esoterisch-schamanischen Wissens das Klima verändern konnte. Dieser Forscher hatte ursprünglich an der Befreiung sexueller Energien gearbeitet. Bei seinen Studien entdeckte er eine neue Energieform, die **Orgon-Energie**, die er auch für die Entstehung des Regens verantwortlich machte. In den alten Archiven stößt der Wettermacher auf Konstruktionszeichnungen für eine Maschine, mit der man die Verteilung der Orgon-Energie in der Atmosphäre manipulieren kann: den **Cloudbuster**. Diese Apparatur besteht aus mehreren parallel angeordneten Metallrohren, die in fließendem Wasser geerdet sind und so einen starken Sog erzeugen. Wird der Cloudbuster in instabilen Wettersituationen auf den Himmel gerichtet, kann er Niederschlag hervorrufen oder abwenden. Historische Zeitungsberichte, die der Wettermann bei den Skizzen findet, berichten von massiven, durch die Maschine hervorgerufenen Regenfällen.

Der Wettermacher mietet am Rande der Kapselstadt eine kleine Werkstatt, um seinen eigenen Cloudbuster zu bauen, er freut sich auf diese für ihn neue Art des Wettermachens. Keine Hochtechnologie, keine Flugzeuge, keine Chemikalien, sondern eine kleine Apparatur, die jeder mit einfachen Mitteln selbst herstellen kann. Wettermachen für jedermann, also auch für die Machtlosen, die Armen, die außerhalb der Kapselwelt leben und abhängig sind von den das Wetter steuernden Maßnahmen ihrer Bewohner. Begeistert erweitert er die Bauanleitung zu einem kompletten **Handbuch**, beschreibt die Funktionsweise und die Nutzungsmöglichkeiten, vor allem für die Landwirtschaft. Schließlich will er, daß möglichst viele der Stämme, die extremen Wetterbedingungen ausgesetzt sind, ihr Schicksal selbst in die Hand nehmen können.

Er hat allerdings keine Genehmigung von der zentralen Regulierungseinheit eingeholt. Die Aufsichtsbehörde der Kapselstadt ist von den Aktivitäten nicht begeistert – im Gegenteil. Wegen des Besitzes nichtgenehmigter Klimamaschinen wird der Wettermacher von der Sicherheitsabteilung der Kapselstadt bestraft, er darf nun weder weiterforschen noch sein Wissen verbreiten. Bei Zuwiderhandlung drohen ihm Gefängnis oder Verbannung.

Der Wettermacher kann seine Maschine also nicht testen. Doch wenn die Sicherheitskräfte soviel Angst vor dem Apparat haben, muß ja wohl etwas Wertvolles darin verborgen sein. Von der Kraft des Cloudbuster ist er nun also absolut überzeugt. Er wird, daran glaubt er fest, viele Menschen vor Dürre und Überschwemmungen bewahren. Und so beschließt der Wettermacher, die Kapselstadt für immer zu verlassen. Er verkauft seine Environment Transformer und seinen Bio-Adapter. Seine **Papeles**, die Zugangsberechtigungen in die Kapselwelt, tauscht er gegen ein **Walking House**, eine einfache, aber bewegliche Behausung, mit der er von nun an durch die Welt wandert.

Nach einigen Tagen trifft er auf eine Gruppe von Flüchtlingen, die ihre eigenen Lebensmittel anbauen. Seit Wochen hat es nicht mehr geregnet. Er erprobt seinen Cloudbuster, wie von ihm erwartet, kommt es zu starken Regenfällen. Die Flüchtlinge sind glücklich, der Wettermacher zieht weiter. Bei einem zweiten Einsatz – dieses Mal besucht er einen Berber-Stamm in Nordafrika – dosiert er die Orgon-Energie falsch; weil er die Orgon-Akkumulation in der Mittagssonne auf eine dunkle Gewitterwolke schießt, kommt kein Regen, sondern Hagel. Doch das Prinzip funktioniert. Nun lebt der Wettermacher als Regenschamane, Klimaalchimist, Wetterdemiurg, Weltenbeschwörer, zieht um die Welt und schießt Orgon-Energie in den Himmel, um in trockenen Gebieten Regen zu machen.

Der Sonnenlenker

Seit über einem Jahr zirkulieren unter den führenden Persönlichkeiten der Welt seltsame Gerüchte. Die Abwehrdienste lokalisierten ein streng geheimes Projekt in den von ewigen Nebeln umhüllten Einöden am Fuße der arktischen Gipfel der Torkof-Inseln. Was dort jedoch konstruiert wurde und warum man daran in einer solch zivilisationsfeindlichen Gegend arbeitete, das wußte niemand zu sagen.

Hier, auf den Torkof-Inseln, liegt das geheime Forschungslabor des Sonnenlenkers. Er lebt und arbeitet in einem Sicherheitsbunker, den er mehrere hundert Meter tief in das noch nicht geschmolzene Eis gebaut hat. Das Spezialgebiet des Sonnenlenkers ist **Geo-Engineering**, er ist der vielleicht berühmteste Wissenschaftler der Kapselwelt. Hier, im ewigen Eis, arbeitet er an der Neuerschaffung der Welt durch Technik, als Sonnenlenker will er ganze Kontinente verdunkeln oder vertrocknen lassen, Herr über Licht und Schatten, Hitze und Kälte sein. Im unendlichen Eis der Arktis experimentiert er mit einem Mittel zum endgültigen Sieg über die Klimakatastrophe. Denn von der Idee, die Erde mit Kapselstädten zu überziehen, hält er nichts. Er will die Welt neu erschaffen, nicht bloß eine **Seifenblase** bauen, in der eine angenehmere Temperatur herrscht als draußen. Der Sonnenlenker ist auf der Suche nach einer globalen Lösung.

Jahrelang hatte er zu Kernspaltung und Kernfusion geforscht und eine eigene Waffe gebaut: eine Bombe, die sich das Prinzip der Sonne zu eigen macht, Kraft durch die Fusion von Atomkernen freizusetzen. Für viele war er die Ver-

körperung des Bösen, ein **Dr. Strangelove**, der von der Welt-
zerstörung träumte. Mehrmals wurden Anschläge auf den
Sonnenlenker verübt, immer wieder überlebte er wie durch
ein Wunder. Einmal soll es der traurige Blick eines Kindes
gewesen sein, der einen Attentäter von der Ermordung des
Sonnenlenkers abhielt.

Die **Atombombe**, davon ist der Sonnenlenker von jeher
überzeugt, ist nichts Schlechtes, sie hat vielmehr Gutes be-
wirkt, Kriege verhindert und die Freiheit der Kapselwelt ge-
sichert. Dennoch schwor er eines Tages der Bombe öffentlich
ab und versprach, seine Fähigkeiten von nun an für die Rettung des Biosystems Erde einzusetzen, einen Weg zu finden,
den Klimawandel aufzuhalten.

Als Experte für die Kraft der Sonne wurde er ein wichtiger
Energieberater – vielleicht der wichtigste. Er war an der Entwicklung der Anlagen beteiligt, mit denen in der Wüste aus
der Sonnenkraft Strom gewonnen wird. Und auch die Erfindung der elektrochromatischen Folien, mit deren Hilfe der
Architekt der Kapselstadt die Grenze zwischen innen und
außen aufzulösen vermochte, war sein Verdienst. Ohne die
Mitwirkung des Sonnenlenkers wäre die Illusion von **Freiheit**
innerhalb der Kapselstadt niemals so überzeugend geraten
wie zur Zeit der jüngsten Erweiterung des Kapselnetzes.

Aber als Wissenschaftler glaubt er auch heute nicht an die
Versprechungen der Politiker und die Euphorie des Architekten, daß einmal die ganze Welt eine einzige Kapselstadt sein
wird. Er will das Problem des Klimawandels an der Wurzel
packen, nicht bloß die Symptome behandeln. Für sein neue-
stes Forschungsprojekt hat er sich von der Öffentlichkeit
in ein Labor auf einer unwirtlichen Insel in der Arktis zurückgezogen. Hier fühlt er sich sicher vor den Belästigungen
von Demonstranten und Attentätern, die absolute Kälte des
Nordens ist der Ort, wo er in Ruhe sein letztes großes Experiment vorbereiten und durchführen kann. »Der Klimawandel«, so der Sonnenlenker, »nimmt seinen Ausgang von der

Kraft der Sonne«. Und genau diese zerstörerische Kraft war schließlich schon immer sein Forschungsgebiet. Denn bereits die Bombe, die er als junger Mann entwickelte, beruhte auf der Kraft der Sonne. Nun altersweise, will er die Erde vor der Sonne schützen, die solare **Energie** streuen, bündeln, umlenken. »Wenn man mit Technologie die Welt zerstören kann, dann kann man sie damit auch retten«, so der Sonnenlenker. Die Sonne läßt ihn nicht los. »In der Sonne liegt die Kraft des Lebens. Aber auch die Kraft der Zerstörung. Wer die Kraft der Sonne beherrscht, beherrscht die Welt.«

Selbst bei diesen Überlegungen kann er von der Bombe nicht lassen. Einer seiner Vorschläge für die Rettung der Erde ist die Veränderung der Erdumlaufbahn um die Sonne. »Nur 1500 Kilometer mehr Entfernung von der Sonne genügen«, erklärt er, »um die nötige Abkühlung zu erreichen. Die Kraft einer gezielten Explosion könnte die Erde in eine solche neue Umlaufbahn katapultieren.« Oder man könnte, so eine weitere Idee, mit der gezielten Zündung einer Atombombe Staub in die Atmosphäre wirbeln, so wie es auch bei Vulkanausbrüchen geschieht. »Und in deren Folge«, so der Sonnenlenker, »läßt sich eine Abkühlung der Durchschnittstemperatur nachweisen.« Denn durch den Staub gelangt weniger Sonnenlicht zur Erde. »Eines der bekanntesten Beispiele«, erläutert der Sonnenlenker, »ist der Ausbruch des **Pinatubo**. Da es den Politikern nicht gelingt, die CO_2-Emissionen zu reduzieren, muß man eben dafür sorgen, daß die Sonnenenergie und damit die Hitze gleich ganz draußen bleiben aus der Atmosphäre. Ein kleiner, kontrollierter nuklearer Winter wäre ein gutes Gegenmittel.«

Auf viel Gegenliebe trifft selbst angesichts der gegenwärtigen Situation des Planeten sein erneut vorgebrachter Vorschlag nicht, Atombomben und Explosionen stellen für die Mehrheit der Menschen nach wie vor keine Lösungen von Problemen, sondern vor allem deren Ursachen dar. Deshalb hat der Sonnenlenker in seinem Labor auch andere Ideen entwickelt. Statt mit der Bombe Staub aufzuwirbeln, könnten in die Atmosphäre geschossene Schwefelpartikel den gleichen Effekt haben. Alternativ könnte man die Energie der Sonne mit im Weltraum verteilten Sonnenspiegeln zurückwerfen.

Er entwickelt viele Vorschläge, aber im Zentrum seiner Überlegungen steht immer die gleiche Idee: »Es geht darum«, so der Sonnenlenker, »die Sonne mit ihren eigenen Waffen zu schlagen.« Noch, das weiß auch der Sonnenlenker, sind diese großmaßstäblichen Maßnahmen zu teuer. Noch ist es billiger, Kapselstädte zu bauen, gigantische **Klimaanlagen**, die das Innen vom Außen trennen. »Aber das sind minimale **Adaptationen**, letztlich Übergangslösungen«, so der Sonnenlenker über das Prinzip Kapselstadt. Seiner Meinung nach muß man das herrschende Klimaproblem ganz anders angehen: »Die ganze Erde ist eine Kapsel. Wir müssen uns eine bessere Erde schaffen und dazu das irdische Klima als Ganzes verändern.«

Die wirkliche Lösung könne nur eine langfristig wirkende, grundsätzliche Änderung sein. Deshalb will er seine große Idee, die Manipulation der Erdumlaufbahn, auf jeden Fall umsetzen. Auf eigene Faust. Nur sie kann die Welt retten, da ist er sich sicher. All seine wissenschaftlichen Studien und Berechnungen zeigen, daß es funktioniert. Aber die Kapselregierung gibt ihm immer noch kein grünes Licht. Sie wendet vor allem ein, daß die Erde aufgrund der radioaktiven Verseuchung nach der Explosion nicht mehr bewohnbar wäre. Daß die Menschheit dadurch vernichtet würde. Argumente, die der Sonnenlenker nicht akzeptiert. »Die denken ja nur kurzfristig. Ich würde die Möglichkeit nicht ausschließen, einen gewissen Nukleus der menschlichen Art zu erhalten. Das wäre sogar ganz einfach. Und zwar in den untersten Schichten unserer tiefsten Bergwerksschächte. Die Radioaktivität würde niemals in ein Bergwerk eindringen, das einige hundert Meter tief ist. Es ist nur eine Frage von Wochen, bis hinreichende Verbesserungen des nötigen Lebensraums verfügbar gemacht werden können. Atomreaktoren könnten fast unbeschränkte Kraft erzeugen, Gewächshäuser das pflanzliche Leben erhalten, und man wäre selbstverständlich in der Lage, Tiere zu züchten und zu schlachten. Es müßte nur eine schnelle Bestandsaufnahme der brauchbaren Bergwerke erfolgen. Aber ich würde sagen, daß unschwer für mehrere hunderttausend Bewohner Lebensraum geschaffen werden könnte.«

Schon nach wenigen Generationen, davon ist der Sonnenlenker überzeugt, könnten die Menschen wieder auf der Erde leben, ohne klimatische Sorgen. Er hat alles vorbereitet, um seinen Plan umzusetzen. Und für den Tag der Sonnenwende, den Tag, an dem am Nordpol die Sonne nicht untergeht und um 12 Uhr mittags den höchsten Stand des Jahres erreicht, will er in seinem geheimen Labor in der Arktis die Atombombe zünden, die die Erde 1500 Kilometer aus ihrer Umlaufbahn katapultieren soll. Die Klimaprobleme der Erde werden für immer gelöst sein. Er sitzt vor dem Kontrollbildschirm und verfolgt die Konstellation der Himmelskörper. Nur noch wenige Minuten, dann hat die Sonne ihren höchsten Punkt erreicht. Ruhig betrachtet er auf seinem Bildschirm die unendliche Weite der Eislandschaft, läßt noch einmal den Blick durch sein Forschungslabor schweifen, führt sich ein letztes Mal die von ihm angestellten Berechnungen vor Augen. Er lehnt sich in seinen Sessel zurück und schließt die Augen. Alles ist bereit.

Der Terminator

12 Uhr mittags, high noon, Zeit für einen Cocktail. Der **Terminator** sitzt mit einem Energydrink in einer Strandbar in Venice Beach. Er fühlt sich wohl, er ist glücklich. Von seinem Strandkorb sieht er das Meer, blonde Bikini-Schönheiten joggen an ihm vorbei, Surfer reiten die Wellen auf und ab. Aber gleich ist es Zeit für ihn, er muß wieder gehen. Er hat seinen Job erledigt. »Hasta la vista, Baby«, ruft er einer Rettungsschwimmerin hinterher, die sich langsam aus seinem Blickfeld bewegt, vorher aber noch mal ihre Augen über seinen muskulösen Körper gleiten läßt. »I'll be back« ist sein Lebensmotto. Er muß zwar wieder zurück in die **Zukunft**, aber er will wiederkommen. Denn der Terminator hat eine Mission, die noch nicht beendet ist. Doch diese beginnt erst in vielen Jahren.

In der Zeit, in der die Menschen furchtbare Klimawaffen gebaut, sich in hermetisch abgeschlossene Kapseln zurückgezogen und das, was einmal Natur war, vernichtet hatten, lebte in der Kapselstadt ein Mann, der alles Wissen der Vergangenheit hütete – der Archivar. Er kannte die Lebensformen der Menschheit aus jener Zeit, als es noch keine Kapseln gab. Und natürlich erzählte er gerne davon: »Im Mittelalter haben die Leute im Freien gelebt. Ich meine nicht nur auf Farmen, ich meine auch in Städten. Selbst in New York. Wenn es damals regnete, empfanden sie das nicht als Verschwendung. Sie haben es genossen. Sie haben in enger Beziehung zur Natur gelebt. Die meisten Probleme des modernen Lebens kommen daher, daß wir uns von der Natur abgekapselt haben«, berichtete er gerne, wenn die Sprache auf das neue **Museum der Natur** kam. Der Archivar glaubte nicht an die Zukunft, er glaubte an die Vergangenheit. Das ewige Versprechen, daß die von der Umwelt abgeriegelte Kapselstadt nur ein Übergang sei und bald alle Erdenmenschen den Wohlstand und die Sicherheit der Kapsel genießen würden, hing ihm zum Halse heraus. Außerdem langweilten ihn die sich gleichförmig wiederholenden Erlebnisse, die er im **Environment Transformer** und in seinem **Bio-Adapter** machte. Vieles, was er über die Vergangenheit las, klang viel spannender als das Leben in der Kapselstadt. Immer wieder verließ er deshalb die schützende Kuppel, um in den verfallenen Städten draußen nach Artefakten der Vergangenheit zu suchen. Auf einer solchen Reise entdeckte er eine Maschine, mit der man in die Vergangenheit reisen konnte: eine **Zeitkapsel**.

Die Idee, eine Zeitreise zu unternehmen, ließ ihn nicht mehr los. Durch seine Expeditionen kannte er die Lebensbedingungen außerhalb der Kapsel. Er hatte vergiftete Landstriche gesehen, die früher fruchtbares Land gewesen waren, Gebirge, die der Bergbau zerfressen hatte, große Seengebiete, in denen keine Fische mehr lebten. Und er hatte gesehen, unter welchen primitiven Bedingungen die Menschen lebten, die nicht das Glück hatten, als Bürger einer Kapselstadt geboren zu sein. Die täglich um ihr Überleben kämpften und diesen Kampf oft genug verloren; geschwächt durch Hunger und Hitze, chancenlos gegenüber Minenfeldern und den unsichtbaren Giften, mit denen Luft, Wasser und Erde verseucht waren.

Gegenüber dieser Wirklichkeit fühlte der Archivar sich ohnmächtig. Er flüchtete sich in die Beschäftigung mit der Vergangenheit, träumte sich mit den von ihm gesammelten Gegenständen in eine andere Welt. Er war wütend, aber was sollte er tun? Welche Möglichkeiten hatte er? Die Zeitkapsel eröffnete ihm eine neue Perspektive. Er war wie berauscht. »Mit der Zeitkapsel«, dachte der Archivar, »können wir die

Fehler der Vergangenheit reparieren. Wenn wir mit der Zeit-kapsel in die Vergangenheit reisen, können wir die Gegen-wart ändern, die damals noch Zukunft war.« Aber als Ar-chivar wußte er natürlich auch, daß ein solcher Eingriff in die Vergangenheit gefährlich sein kann, schließlich hatte er Geschichten über die Abenteuer von Marty McFly gehört, einem der Pioniere des Zeitreisens. Ihm war klar, daß man mit einer Reise in die Vergangenheit nicht nur die Probleme der Gegenwart beseitigen, sondern – ohne es zu beabsichti-gen und ohne es zu wissen – auch völlig neue Probleme für die Zukunft produzieren konnte. Als vorsichtiger Mensch beschloß er daher, mit der Zeitkapsel keine aktiv handeln-den Menschen, sondern nur Wissen aus der Zukunft in die Vergangenheit zu senden. Er schickte Bücher, Bilder, Filme. Aber zu seiner Enttäuschung verstanden die Erdbewohner seine Botschaften nicht.

»Dann muß ich eben doch einen Menschen in die Vergan-genheit schicken, der aus der Gegenwart von heute berich-ten kann. Das wird die Menschen der Vergangenheit warnen, wachrütteln.« Obwohl er sehr neugierig war, traute er sich die Reise nicht selbst zu. Er schickte einen jungen Schriftstel-ler, der ihm ab und zu im Archiv aushalf. Doch der landete nicht unter Menschen, landete nicht in der Stadt. Denn da, wo heute das Haus des Archivars stand, war in der Vergan-genheit noch Wildnis gewesen. Und statt die politischen Bot-schaften aus der Zukunft an die Menschheit zu vermitteln, verbrachte der junge Schriftsteller in der Vergangenheit seine Zeit nun mit dem Bau einer Blockhütte und beschrieb das für ihn faszinierende Leben in der damals noch unberührten Natur.

Nach der enttäuschend verlaufenen Mission des Schrift-stellers setzte er nun seine Hoffnungen auf jemanden, der praktisch dachte. Einen, der wirklich die Welt verändern konnte, einen kampferprobten Architekten. Oder einen Ingenieur? Seine Wahl fiel auf Richard Buckminster **Fuller**.

Aber auch dieses Experiment schlug fehl. Denn kaum in der Vergangenheit angelangt, machte Fuller da weiter, wo er in der Zukunft aufgehört hatte. Er baute die gleichen Sachen, die er schon vorher gebaut hatte, nur daß nun das, was in der Kapselwelt als ganz normale Architektur von Kuppeln kleinen und mittleren Ausmaßes galt, in der Vergangenheit als unglaubliche, futuristische Innovation erschien. Dabei hatte Fuller nur das rekonstruiert, was er aus seiner eigenen Gegenwart kannte: **Klimakapseln.** Der Architekt wurde ein gefeierter Star. Zwar versuchte er, seiner ursprünglichen Mission gerecht zu werden und die Menschheit von der Notwendigkeit nachhaltigen Handelns zu überzeugen. Er schrieb sogar ein **Handbuch** darüber, die *Bedienungsanleitung für das Raumschiff Erde*. Aber statt zu Behutsamkeit und Rücksichtnahme anzuregen, entfachte das Buch Begeisterung für die Besiedelung des Weltalls. Seinen Kollegen von der Design-Akademie wollte er die Zukunft ihrer Städte anhand von Manhattan zeigen. Er zeigte ihnen die Collage einer riesigen Kuppel, die eine ganze Stadt überdeckte: den **Dome over Manhattan.**

Aber statt angesichts dieser Zukunft besorgt zu sein, waren die Kollegen begeistert. Fuller wurde verehrt, bewundert, gefeiert, und noch lange nach seinem Tod eiferten ihm viele nach. Es entstanden Handbücher, die den Do-it-yourself-Bau solcher Kuppeln erklärten, Jünger des Meisters bauten alternative Siedlungen mit kleinen Klimakapseln, lauter Raumschiffen für die Erde. Fuller lieferte die Vorbilder für genau das, was er eigentlich hatte verhindern sollen. Seine Konstruktionen wurden zur Inspiration für Minikapseln, mit denen sich die Menschen idealisierte Innenwelten schufen, sich einschlossen und von der schlechten Außenwelt abgrenzten. Und der Dome over Manhattan wurde schließlich zur Vorlage für die erste Kapselstadt, da half auch sein kritisches Handbuch nichts. Die Mahnungen des Archivars erreichten ihr Gegenteil, sie wurden produktive Vorboten der Unfreiheit: Fuller, der Erfinder der Kapselstadt. So war auch diese Zeitreise gescheitert.

Deshalb entschloß sich der Archivar zu einem mutigen, viel radikaleren Schritt. Die Reisende in die Vergangenheit mußte eine andere Funktion übernehmen. Nicht Impulse setzen, Mahnungen geben, sondern diejenigen, die für die Zerstörung der Welt verantwortlich waren, töten. Diese schwierige Aufgabe wollte er nicht an einen anderen delegieren, vielmehr wollte er nun selbst in die Vergangenheit reisen. Ein alter Film, den er in einer der verlassenen Städte gefunden und in sein Archiv aufgenommen hatte, hatte ihn zu diesem Schritt angeregt. Und nach der Hauptfigur dieses Filmes nannte er sich nun: Terminator. Für seine Reise in die Vergangenheit war er gut gerüstet, schließlich kannte er die historischen Figuren, die Wissenschaftler, Politiker, die geistigen Ahnen seiner Gegenwart aus seinen Büchern. Und als Terminator aus der Zukunft wollte er nun Menschen wie den Sonnenlenker töten, einen der gefährlichsten Akteure in der Kapselwelt, bevor er seine unheilvolle Arbeit überhaupt aufnehmen konnte.

Der Archivar modifiziert seinen Körper, rüstet sich mit den besten Waffen seiner Gegenwart, Waffen, die denen der Welt der Vergangenheit weit überlegen sind. Aus dem Archivar wird die ultimative Kampfmaschine. Ihm selbst ist die Verwandlung unheimlich, und er macht sich Sorgen darüber, ob er wirklich töten kann. Aber wann immer er zweifelt, denkt er an die Menschen, die ungerechten Überlebensbedingungen in und außerhalb der Kapselwelt: »In einer wahnsinnig gewordenen Welt ist das die einzig vernünftige Alternative.«

In der Vergangenheit angekommen, entwickelt sich jedoch alles anders als geplant. Als erstes verliebt sich der Terminator in Sarah. Ihr Kind John wird sein Ziehsohn. Sie planen den Anschlag auf den Sonnenlenker, spüren ihn gemeinsam in seiner Wohnung auf. Der Sonnenlenker ist damals noch ein junger Wissenschaftler, seine Karriere hat gerade erst begonnen. Er weiß noch nicht, daß er mit Atombomben experimentieren wird, und er weiß nicht, daß er als alter Mann in einem Labor im arktischen Eis die Auslöschung fast allen menschlichen Lebens vorbereiten wird. Er kennt seine Zukunft und seine Erfindungen noch nicht, er ist schockiert über die Vorwürfe, die die unbekannten Besucher ihm entgegenschleudern. »Ich glaube, ich muß mich übergeben«, entgegnet der noch junge Sonnenlenker, »schließlich erfährt man nicht jeden Tag, daß man mit einem Experiment, mit dem man eigentlich die Welt retten will, für den Tod von drei Milliarden Menschen verantwortlich sein könnte.« Zwischen den dreien kommt es zum Streit, als der noch junge Sonnenlenker realisiert, daß die beiden ihn töten wollen. »Ihr verurteilt mich für Dinge, die ich noch gar nicht getan habe! Woher hätte ich das wissen sollen?« – »Ja! Richtig! Woher hättest du das wissen sollen?« schreit Sarah ihm entgegen, »es waren verfluchte Männer wie du, die die Wasserstoffbombe gebaut haben. Männer wie du haben sie erfunden. Ihr haltet euch für so kreativ. Ihr wißt gar nicht, wie es ist, wirklich etwas zu erschaffen. Alles, wovon ihr etwas versteht, ist, Tod und Zerstörung zu verbreiten!«

Als der Terminator den Sonnenlenker richten will, sieht er die Angst in den Augen seines Ziehsohnes, liest das lautlose »Nicht töten!« von seinen Lippen ab. Überzeugen ist besser als töten, das lernt der Archivar aus den stummen Blicken des Kindes. Er erschießt den Sonnenlenker nicht, sondern beschließt, die Forschungslabore in der Stadt zu zerstören. Doch die in der Zeitkapsel einprogrammierte Verweildauer ist abgelaufen, er muß zurück in die Zukunft. »Hasta la vista, Baby«, ruft er, »I'll be back!«

Während seiner Abwesenheit haben sich die Lebensbedingungen in der Kapselstadt weiter verschlimmert. Um die Überbevölkerung in der Kapsel zu beenden, wird das Leben der Einwohner auf eine Initiative der **Extreme Green Guerilla** hin mit vierzig Jahren beendet. Und inzwischen werden sogar die menschlichen Körper recycelt, und zwar zu Lebensmitteln wie **Soylent Green**. Es ist schöner, als Terminator in der Vergangenheit zu leben denn als Archivar in der Kapselstadt. So reist der Archivar ein weiteres Mal in die Vergangenheit, kehrt zurück in die Mittagshitze von Venice Beach, die Cocktailbars und Fitneßclubs. Als Verweildauer hat er in die Zeitkapsel nun »unendlich« eingegeben. Um nicht wieder als Terminator aufzufallen, der Wissenschaftler bedroht und Labore in die Luft sprengen will, gibt er sich nun als Schauspieler aus, der den Helden in einem Science-fiction-Film verkörpert habe. Er nennt sich nun Arnold **Schwarzenegger** und behauptet, er käme aus einem wilden, urwüchsigen Bergland, wo die Menschen muskulöser und mutiger seien. Um doch noch die Zukunft zu retten, wird er Politiker. Erst Gouverneur von **Kalifornien**, dann sogar Präsident der USA. Im politischen Alltagsgeschäft bleibt er in den Erfahrungen seiner Zukunft gefangen, er greift zurück auf die Praktiken, die er aus der Kapselstadt kennt: Er baut einen gigantischen Zaun, um Flüchtlinge aus dem südlichen, wesentlich ärmeren Nachbarland an der illegalen Einreise zu hindern. Seine politischen Gegner schickt er an den Nordpol, wo sie in eisiger Kälte zerspringen.

Trotzdem leitet er erste radikale Schritte zu einer neuen Klimapolitik ein, er verbietet das Autofahren, errichtet eine Million Solaranlagen. »Als Amerikaner gelobe ich«, so schwört der »Governator«, wie er nun genannt wird, »die natürlichen Schätze meines Landes, seine Erde, seine Wälder, seine Gewässer und seinen Tierbestand vor der Vernichtung zu schützen.« So baut er seine neue Heimat, das mythische Kalifornien, zum ersten Green State der Welt um. Los Angeles wird die erste in sich geschlossene Klimakapsel, und in Hollywood dürfen fortan nur noch Umweltschutzfilme, Trainingsvideos und Pornos gedreht werden.

Der Widerstandskämpfer

»Seht euch den Dreck an! Seht es euch an!« Wütend schlägt der Widerstandskämpfer dem Mann das künstliche Nahrungsmittel **Soylent Green** aus der Hand. »Trockener, synthetischer Mist! Und ihr seid davon so abhängig geworden, daß ihr nicht mehr ohne das Zeug leben könnt.« Ungläubig starrt sein Gegenüber auf das Stück Wassermelone, das der Widerstandskämpfer ihm entgegenhält. »Ach, du siehst keinen Unterschied? Der Unterschied ist: Ich habe es angebaut! Und das ist ein bedeutender Unterschied. Ich habe es gesät und habe es geerntet. Und es hat einen eigenen Geruch, und es hat Farbe! Und es hat Geschmack! Und es erinnert mich an die Zeit, in der es noch Blumen gab auf der Erde und fruchtbare Täler. Ebenen mit hohem, grünem Gras, worin du liegen konntest und worin du schlafen konntest. Und die Luft war rein und der Himmel blau. Und es wuchs und grünte überall, nicht nur im **Museum der Natur**.«

Auf solches Unverständnis stieß er immer wieder, wenn er versuchte, mit selbst angebautem Obst und Gemüse die Bewohner der Kapselstadt für ein anderes, natürlicheres Leben zu begeistern. Mit seinem Aktivismus hatte sich der Widerstandskämpfer lange als politischer Künstler verstanden. Mit kritischen Arbeiten und neuen sinnlichen Erlebnissen wollte er die Kapselbewohner wachrütteln. Seine erste Politisierung hatte er bereits als Student erlebt. Damals wollte er mit seiner künstlerischen Arbeit auf die zunehmenden Umweltprobleme aufmerksam machen, die die Kapselmenschen gewohnheitsmäßig ausblendeten. Er reiste zu den letzten Eisbergen an den Nordpol und färbte diese in blutiges **Rot** ein, baute aus Plastikmüll den **Plastiki**, einen Katamaran, mit dem er um die Welt segelte, um auf die Verschmutzung der Ozeane hinzuweisen. Aus Plastiktüten schweißte er pneumatische Strukturen zusammen. Diese aufblasbaren Zelte sollten Flüchtlingen als temporäre Notbehausungen dienen, sie sollten wie **Parasiten** an den Lüftungsschächten der Klimakapseln hängen. Mit seiner Arbeit auf die Probleme der Gesellschaft aufmerksam zu machen, die Monotonie der Kapsel ins Bewußtsein der Bewohner zu bringen, subversive Ausblicke auf die freiere Welt zu öffnen, davon träumte er. Er war auf der Suche nach **Freiheit** und Wahrhaftigkeit. In der Kapsel fühlte er sich eingesperrt, das alltägliche Leben fand er unerträglich. »Ganz egal, wo du bist, ist die Temperatur 23 Grad. Überall ist es gleich. Und die Menschen sind auch alle gleich. Was ist denn das noch für ein Leben?«

Gemeinsam mit Künstlerfreunden und Ökoaktivisten formierte er den floralen Widerstand, die Garden Guerilla. Er suchte nach echter, ungekünstelter Natur in der Kuppel, nach etwas Grünem, das echter ist als das künstliche **Eden**. Er legte wilde Gärten an und begann, seine ersten Bomben zu zünden: **Seed Bombs**, Samengemische, die er zusammen mit Erde und Dünger in den Ritzen der Kapselstadt plazierte. Mit seinem **Adaptation Laboratory** spürte er mikroklimatisch günstige Zonen in der Kapselstadt auf und pflanzte dort Melonen und den Götterbaum, eine ursprünglich aus China stammende Baumart, die sich besonders gut als Pionierpflanze eignet.

Er schrieb Manifeste, schrie seinen Protest gegen die Uniformität der Kapselwelt und all ihre künstliche Vielfältigkeit heraus. »Und es gibt auch keine Phantasie und nichts, was zu erforschen sich lohnt. Und soll ich dir sagen, warum das alles so ist? Nur aus einem Grund! Weil es niemanden interessiert!« Mit seinem Protest und seinen Manifesten hatte er Erfolg. Nicht den Erfolg, den er sich eigentlich wünschte:

Statt die Kapselstadt zu verändern, sublimierten seine Arbeiten die Sehnsucht nach einem anderen, besseren Leben. Sie wurden in Galerien verkauft, er verdiente viel Geld. Er war ein Star, eine Ikone des Protests, die niemandem schadete, niemandem weh tat und nichts veränderte, da sie Teil des Systems blieb. Eben ein politisch denkender, aktiver Künstler. Aber er war nicht zufrieden, er hatte das Gefühl, sich mit seiner Arbeit im Kreis zu drehen, der Clown einer selbstzufriedenen Gesellschaft zu sein, der Hofnarr der Entscheidungsträger, die ihre eigene Fratze im Spiegel sehen und sich darüber amüsieren.

Er gründete die **Extreme Green Guerilla**, die gegen die Kapselstadt agitierte. Und weil die Politiker die hohe Bevölkerungsdichte als Argument für Kontrolle, Ordnung und Abschottung benutzten, forderte die Guerilla in avantgardistischer Tradition eine Altersbegrenzung der Bevölkerung: Jeder solle mit vierzig Jahren sein Leben beenden, um dem Ökosystem nicht mehr zur Last zu fallen. Bei einer Aktion versprühten die Sicherheitskräfte aus Hubschraubern giftiges Gas, um den Widerstandskämpfer und seine Mitstreiter auseinanderzutreiben. Mit seinen Guerillafreunden baute er deshalb einen pneumatischen Schutzraum, in dem die Luft sauber blieb. Die Anleitung dafür hatten sie in einer historischen Blättersammlung mit dem Titel **Inflatocookbook** gefunden. Diesen neuen Schutzraum, der sie vor den Angriffen der Sicherheitskräfte schützen sollte, nannten sie **Clean Air Pod.** Aber das Clean Air Pod war eine Kapsel in der Kapsel, das kleine Gegenbild der großen. »Wir versuchen, den Gegner mit seinen eigenen Waffen zu schlagen.« Aber das Ergebnis war genau das, wogegen er kämpfte: Ein- und Ausgrenzung. In seinem Schutzraum wurde dem Widerstandskämpfer klar, daß Ausgrenzung die unentrinnbare Logik der Kapselwelt darstellte. »Wo ein Innen ist, ist auch ein Außen. Die Kapsel wird immer Ungleichheit und Ungerechtigkeit produzieren. Man kann nicht die Kapsel von innen reformieren, man kann sie nur zerstören.« Denn die Kapsel war wie ein Spinnennetz, sie hielt die fest, die sich in ihr bewegten, und je mehr man sich dagegen wehrte, desto tiefer verheddterte man sich, immer weiter, bis es kein Entrinnen mehr gab.

Durch den Angriff der Sicherheitskräfte auf seine künstlerische Arbeit änderte sich sein Leben. Er versteht sich heute nicht länger als kritischer Künstler, sondern als Widerstandskämpfer. Er macht keine Kunst mehr, sondern geht in den ökologischen Untergrund. »Es gibt kein richtiges Leben im falschen«, so lautet nun sein Credo. Er pendelt zwischen der Kuppel und der Außenwelt, sein Ziel ist die Zerstörung der Kapselwelt. Jetzt legt er keine Seed Bombs mehr, sondern er sprengt Löcher in die Außenwand der Kapsel. Aber die Hülle wird dadurch nicht zerstört, sondern durch die Löcher dringen lediglich neue Flüchtlinge in die Kapselstadt.

Wenn er die Kapselstadt wirklich zerstören will, muß er ihre Energieversorgung sabotieren. Er hat gehört, daß die Verwaltung der Kapselstadt Verbrennungskraftwerke betreibt, die nach der Klimakonvention verboten sind, und das entstehende CO_2 in unterirdische Lager pumpt. Wenn es ihm gelänge, ein Kraftwerk und den dazugehörenden unterirdischen Speicher zu sprengen, könnte er die Energieversorgung stören, vor allem aber aller Welt die Verlogenheit der Kapselstadt vor Augen führen.

Er versucht, für seinen Plan die Sandmänner zu gewinnen. Er weiß, daß sie eigentlich keine Freunde der Kapselstadt sind, sondern gekaufte Vasallen. Unfreie, die nicht wissen, wofür und wogegen sie kämpfen. Ein Sandmann verrät ihm den Standort des geheimen Kraftwerks. Es befindet sich in einem ehemaligen Schweine- und Rindermastbetrieb und diente früher dazu, das von den Tieren produzierte **Methan** in **Energie** umzuwandeln. Er tarnt sich als Flüchtling, legt alte, abgenutzte **Refuge Wear** an. Mit diesem **Schutzanzug** begibt er sich in die Wüste, auf den Weg zu dem geheimen Kraftwerk.

Er ist gleichzeitig euphorisiert und unglücklich. Denn er ist Pazifist, lehnt das Töten von Menschen ab. Als Kind hatte er sogar verhindert, daß seine Mutter und sein Ziehvater den Mann töteten, der sich später als Sonnenlenker einen Namen machen würde. Inzwischen bereut er das. Vieles wäre anders gekommen, wenn er damals den **Terminator** nicht vom Töten abgehalten hätte. Schließlich hat der Sonnenlenker die Kapselwelt mit erfunden. Jetzt ist es an der Zeit, den ersten Schritt zur Abkehr von dieser Welt zu tun.

Aber dafür werden viele Menschen sterben müssen. Das, was außerhalb der Kapselstadt geschieht, wird nun auch die Kapselstadt ereilen. Denn nach der Sprengung des unterirdischen CO_2-Lagers wird das Gas in unsichtbaren, aber tödlichen Schwaden durchs Land ziehen. Da Kohlendioxid schwerer ist als Luft, wird es sich unten im Talkessel sammeln, durch die Ritzen der Kapselstadt dringen und sich dort wie ein undurchdringlicher Film über die Häuser legen. Viele Menschen werden ersticken. Er selbst hat eine Gasmaske dabei. Viele unschuldige Bewohner der Kapselstadt werden sterben, aber, so denkt er sich, das Leben der Kapselmenschen nimmt anderen die Möglichkeit zum Leben, raubt ihnen Wasser, Luft, Energie und überhäuft sie im Gegenzug mit giftigen Abgasen, Müll und radioaktiver Strahlung. Und mit Kritik, Diskussionen und schrittweisen Reformen ist dem perfiden System der Kapselwelt nicht beizukommen.

Mit zwei Mitkämpfern macht er sich auf den Weg in die Wüste. Mehrere Tage ist er unterwegs, das Energiezentrum ist weiter entfernt, als er gedacht hat. Er hat unterschätzt, wie anstrengend das Laufen in der Gebirgswüste ist. Die drei haben ihre Wasservorräte falsch berechnet, und unterwegs werden sie mehrfach von Sicherheitskräften und Sandmännern angegriffen. Beim Versuch, den Sicherheitskräften zu entkommen, verlieren sich die drei aus den Augen. Der Funkkontakt zwischen ihnen bricht ab, der Widerstandskämpfer befürchtet, daß sich die beiden anderen verlaufen haben und nun in der Wüste verdursten. Oder daß sie von Sandmännern aufgegriffen wurden. Als er endlich den Zaun des Sicherheitsbereiches sieht, ist er am Ende seiner Kräfte, doch er reißt sich zusammen, rennt die letzten Meter, so schnell er kann. Nur noch wenige Schritte ist er vom Sicherheitszaun entfernt, der letzten Hürde auf dem Weg zum unterirdischen CO_2-Lager. Hinter sich hört er einen Sandmann rufen, ein Schuß peitscht durch die Luft. Hastig schneidet er ein Loch in den Zaun und rennt in Richtung der alten Stallanlagen. Eigentlich könnte der Sandmann jetzt schießen, aber vielleicht ist er ja einer von denen, die die Seiten gewechselt haben. Außerdem rennt er ja nicht in Richtung des Zentrums, sondern an den Rand. »Hoffentlich«, denkt er, »schießt der Sandmann nicht.« Er hat Angst, aber nun ist keine Zeit zum Nachdenken. Er muß weiter, raus aus der Schußlinie, hinein in die Halle, wo der Eingang zu Kraftwerk und Pumpensystem versteckt ist. Fünf Kilogramm Sprengstoff hat er dabei, das sollte reichen.

Der Kapitän

Draußen auf dem Ozean schwimmt die Insel. Der Kapitän steht auf der Brücke und sucht den Horizont ab. Er hält Ausschau nach Land oder nach einem der Flüchtlingsboote, die oft auf der offenen See treiben. So macht er es immer, denn lenken kann er seine **schwimmende Insel** ohnehin nicht richtig. Seine Aufgabe besteht darin, nach Flüchtlingen Ausschau zu halten. Im Erfolgsfall gibt er dann ein Leuchtzeichen, damit die Flüchtlinge sich in seine Richtung bewegen können. Sein Schiff, die **Enterprise**, ist ein ehemaliger Flugzeugträger. Er bildet das Zentrum eines riesigen Floßes. »Es hat«, erklärt der Kapitän, »einen Durchmesser von mehreren Meilen. Die Form verändert sich ständig. In der Mitte befinden sich zwei gewaltige Schiffe, die Enterprise und ein Öltanker, Seite an Seite miteinander vertäut. Mehrere große Schiffe umgeben die beiden Leviathane, eine Anzahl Containerschiffe und Frachtkähne. Das ist der Kern. Alles andere ist ziemlich schäbig. Vereinzelt eine aufgebrachte Yacht oder ein ausrangierter Fischtrawler. Aber die meisten Boote des Floßes sind eben nichts weiter als Boote. Kleine Vergnügungsyachten, Sampans, Barken, Rettungsboote, Dingis, Hausboote, behelfsmäßige Konstruktionen aus leeren Öltonnen und Styropormatten. Gut fünfzig Prozent bestehen überhaupt nicht aus Schiffsmaterial, es handelt sich vielmehr um ein Durcheinander aus Seilen, Tauen, Planken und Treibgut, das über dem Abfall verschnürt wurde, dessen wir habhaft werden konnten.«

Lange Jahre waren der alte Flugzeugträger und der Öltanker für die Kapselstadt im Einsatz. Sie fingen Plankton für die Nahrungsmittelproduktion, vor allem aber kümmerten sie sich um die Algenfarmen. Beladen mit Eisenoxid durchpflügten sie gemeinsam den Ozean, um Algenbänke zu düngen und abzuernten. Die Algenproduktion im Meer war ein wichtiger Bestandteil des Klimakonzepts der Kapselstädte. Als großangelegtes **Geo-Engineering**-Projekt sollten die **Algen** große Mengen CO_2 binden und so die weitere Erwärmung der Erde verhindern. Doch als wegen des Bevölkerungswachstums die **Biomasse** knapp wurde, schwenkte man um und nutzte die Algen zur Energiegewinnung. Mit dem Flugzeugträger mußte der Kapitän die Algen nun nicht mehr nur düngen, sondern sie auch ernten. Mit ihnen wurden fortan die Kraftwerke der Kapselstadt befeuert, und der Kapitän pendelte zwischen den Stätten der Eisenoxid-Produktion, den Algenzuchtgebieten und den Kapselstädten hin und her.

Auf einer seiner Fahrten entdeckte er ein Flüchtlingsschiff; er nahm die fast verdursteten Männer und Frauen an Bord. Doch die vermeintlichen Flüchtlinge entpuppten sich als Piraten, die das Schiff in Besitz nahmen. Sie wollten den ehemaligen Flugzeugträger besetzen, um damit Flüchtlinge aus den armen Ländern nach **Kalifornien** zu bringen: das gelobte reiche Land, den weltweit einzigen Green State.

Fast die gesamte Besatzung wurde getötet, nur den Kapitän und die Techniker verschonten die Freibeuter. Auf sie konnten die Piraten nicht verzichten, ein Flugzeugträger war schließlich etwas komplizierter als ein kleines Schnellboot. Mit der Zeit freundete sich der Kapitän mit den Piraten an. Die stinkenden Algen zu ernten und in die Kapselstadt zu bringen war ihm langweilig geworden, und auf See fühlte er sich schon immer wohler als an Land. Sein Flugzeugträger sei so groß, erklärte er ihnen, daß man darauf einen eigenen kleinen Staat gründen könnte. Und gemeinsam mit anderen Schiffen könnte er einen Konvoi bilden, zu einer schwimmenden Insel zusammenwachsen. Das sei doch viel besser, als die Flüchtlinge nur nach Kalifornien zu bringen.

So wurde der Flugzeugträger das Herzstück eines großen Floßes, das nun mit Tausenden von Flüchtlingen durch die Weltmeere treibt. »Wir kreisen im Uhrzeigersinn durch den Pazifik. Wenn wir an Bord der Enterprise die Reaktoren hochfahren, können wir damit die Richtung ein bißchen beeinflussen, aber richtige Navigation ist praktisch unmöglich. Das Floß bewegt sich im wesentlichen dahin, wohin Wind und Corioliseffekt es treiben. Vor ein paar Jahren trieb es an den Philippinen, Vietnam, China und Sibirien vorbei und hat Flüchtis an Bord genommen. Dann schwenkte es die aleutische Kette hinauf, die Enge von Alaska hinunter, und jetzt treibt es in der Nähe der kalifornischen Grenze.« Ein paar Schiffe der schwimmenden Insel, des großen Floßes, sind nach wie vor funktionstüchtig. Sie werden in Küstennähe abgekoppelt, um Landgänge zu ermöglichen, bei denen Erde eingesammelt und neue Flüchtlinge aufgenommen werden. Der Kapitän kennt den weiteren Weg des Floßes: »Wenn es Kalifornien erreicht hat, beginnt eine neue Phase seines Lebenszyklus. Es wird einen Großteil seiner ausgedehnten improvisierten Masse verlieren, da sich einige hunderttausend Flüchtis losschneiden und ans Ufer paddeln werden. Auf wenige Schiffe geschrumpft und damit weitaus manövrierfähiger, wird die Enterprise dann über den Südpazifik steuern, Richtung Indonesien, wo sie sich nordwärts wenden und den nächsten Zyklus der Völkerwanderung beginnen wird.«

Über die Jahre sprach sich die Geschichte des Floßes herum, das Bild einer schwimmenden Insel, auf der Menschen in **Freiheit** und Unabhängigkeit leben können, beflügelt seitdem die Phantasie der Flüchtlinge in den Lagern rund um die Kapselstädte. Und immer öfter, wenn die schwimmende Insel in die Nähe der Küsten verarmter Landstriche treibt, stoßen neue Floße mit Flüchtlingen hinzu. Auf hoher See werden weitere Schiffe geentert, viele Seeleute schließen sich sogar freiwillig an. Mit jedem weiteren Schiff wächst das Floß. Seine **Energie** bezieht es aus den Resten der Zivilisation. Brachliegende Ölplattformen werden angezapft; mit den aus alten Frachtern ausgebauten Filteranlagen saugt das Floß Altöl von der Meeresoberfläche und bereitet es wieder auf. Auch den im Meer herumtreibenden Plastikmüll sammeln die Flüchtlinge ein. Das ganze Floß ist eine riesige schwimmende Recyclinganlage, die sich aus dem Meeresmüll der Weltgesellschaft ernährt. Ab und zu werden auch die Algenzuchten überfallen, aber das ist gefährlich, weil die Kapselstädte die für ihre Energieversorgung wichtigen Farmen gut bewachen lassen. Auch für Ernährung ist gesorgt. Viele Flüchtlinge bringen aus ihren verlassenen Städten nicht nur Baumaterialien mit, sondern auch Erde und Samen, um auf der Insel Gemüse anpflanzen zu können. Außerdem treiben zwei Aqua-Farmen im Verbund des Floßes, die in den großen überfischten Gebieten des Pazifiks die Nahrungsversorgung sicherstellen.

Die schwimmende Insel ist nicht länger allein ein Floß, ein Hilfsmittel, um nach Kalifornien zu gelangen, sondern eigenes Land, Selbstzweck. Aus dem Floß wurde ein Flüchtlingsstaat. Und alle paar Jahre, wenn die Insel eine bestimmte Größe überschritten hat, spaltet sie sich in zwei Teile auf, und eine weitere Zufluchtsstätte für Flüchtlinge treibt im Ozean. Und indem das Floß sich in eine schwimmende Insel verwandelte, wurden die Piraten zu Freiheitskämpfern des Klimawandels, die einen Freiraum geschaffen haben, einen Ort für die, die keinen festen Platz finden in der Kapselwelt. Eine schwimmende **Heterotopie**.

Und wie immer blickt der Kapitän aufs Meer, sucht den Horizont ab. Nach Schiffen, Flößen, Treibgut. Die Sonne steht hoch, die Luft ist klar. Weit entfernt sieht er eine Küste, eine alte, verlassene Stadt. Auf einer Anhöhe ein Hochhaus. Er glaubt nicht, daß sich in dieser Gegend Menschen aufhalten, aber sicherheitshalber läßt er eine Leuchtrakete aufsteigen.

Glossar

ADAPTATION: (Anpassung) Mögliche Strategie im Umgang mit dem Klimawandel. Ergänzung und Alternative zur →*Mitigation* (Vermeidung des Klimawandels), bei der es derzeit vor allem um die Reduktion klimaschädlicher Emissionen geht. Das Intergovernmental Panel on Climate Change (IPCC) definiert »Adaptation als die Anpassung von natürlichen und menschlichen Systemen als Antwort auf aktuelle oder erwartete klimatische Reize oder ihre Auswirkungen [...]. Anpassung ist notwendig, um den Folgen von Erwärmung, die aufgrund bereits erfolgter Emissionen nicht mehr vermeidbar sind, zu begegnen. [...] Für Menschen ist Anpassung eine Risikomanagementstrategie, die mit Kosten verbunden ist und Irrtümer nicht ausschließt. Die Effektivität jeder spezifischen Anpassung erfordert die Abwä-

69

gung des durch den Klimawandel zu erwartenden Schadens im Verhältnis zu den Kosten für die Implementierung der Anpassungsmaßnahme.« (IPCC 2007) Man unterscheidet zwischen lokalen Adaptationsmaßnahmen, wie dem Bau höherer Deiche zum Hochwasserschutz oder der Anpflanzung von Bäumen zur lokalen Temperaturabsenkung, und →*Geo-Engineering*, mit dem das gesamte Klimasystem auf globaler Ebene verändert werden soll. Die →*Klimakapsel* ist die konsequente Form lokaler Adaptation (siehe Abbildung S. 68/69).

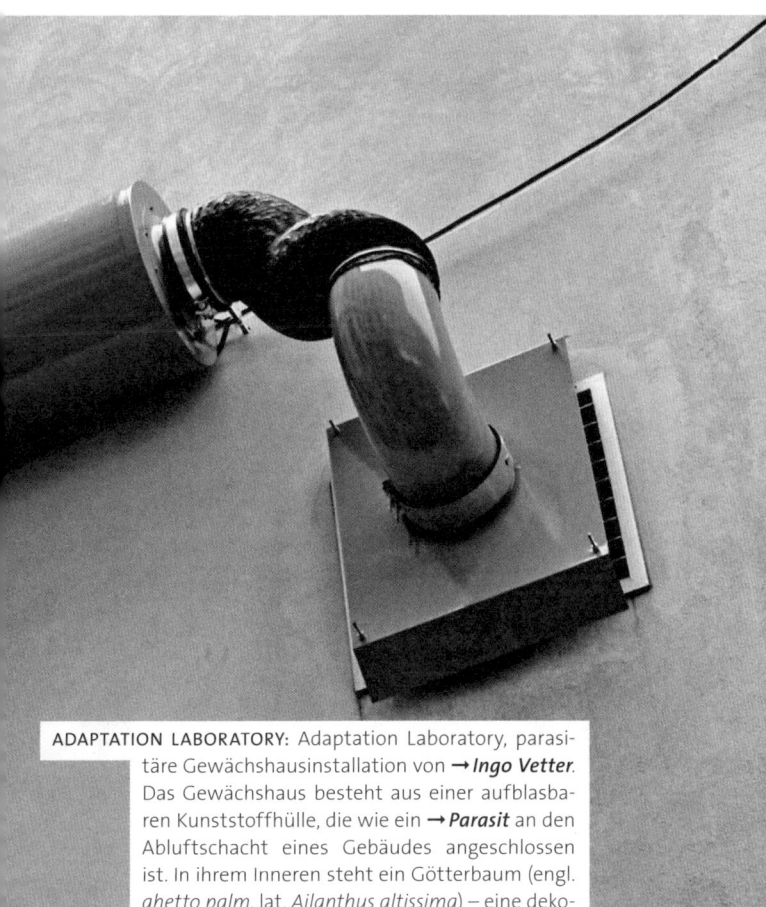

ADAPTATION LABORATORY: Adaptation Laboratory, parasitäre Gewächshausinstallation von → *Ingo Vetter*. Das Gewächshaus besteht aus einer aufblasbaren Kunststoffhülle, die wie ein → *Parasit* an den Abluftschacht eines Gebäudes angeschlossen ist. In ihrem Inneren steht ein Götterbaum (engl. *ghetto palm*, lat. *Ailanthus altissima*) – eine dekorative Pflanze, die im 19. Jahrhundert ursprünglich aus China nach Europa und in die USA eingeführt wurde. Die Bäume wurden zunächst in Gärten angepflanzt und verbreiteten sich rasch im städtischen Raum, wo sie hervorragend auf verseuchtem Brachland gedeihen. Da er beinahe überall zu wachsen scheint, gilt der Götterbaum mittlerweile als lästiges Unkraut. Im Adaptation Laboratory wird er zu einer rebellischen Überlebensgeste der Natur (siehe Abbildung S. 70/71).

ALBEDO: (Von lat. *albus*, weiß) Helle Flächen reflektieren mehr Sonnenlicht als dunkle. Dieses Rückstrahlvermögen nennt man Albedo. Wenn mehr Sonnenlicht in die Atmosphäre reflektiert wird, wärmt sich die Erde weniger stark auf. Umweltverschmutzung beeinflußt die Albedo. Ruß- und Aschepartikel vermindern zum Beispiel das Rückstrahlvermögen der weißen Schneeflächen, Gletscher tauen dadurch schneller ab. Dies passiert derzeit im Himalaya. Der Albedo-Effekt kann auch künstlich erzeugt werden. Würden weltweit Hausdächer und Straßen weiß gestrichen, so die Physiker Hashem Akbari und Surabi Menon in einem Artikel, den sie gemeinsam mit dem→ *Energie*-Beauftragten des US-Bundesstaats →*Kalifornien*, Arthur Rosenfeld, veröffentlichten (Akbari/Menon/Rosenfeld 2009), würde die Erderwärmung erheblich reduziert. Hundert Quadratmeter weiße Dachfläche reduzieren die Erderwärmung wie eine jährliche Emissionseinsparung von zehn Tonnen CO_2. Steven Chu, Nobelpreisträger für Physik und Energieberater von US-Präsident Obama, fordert deshalb eine globale Initiative zur Farbänderung von Dächern, Straßen und Wegen. Die klimaspezifische Gestaltung von Gebäudeoberflächen ist eine der Aufgaben zukünftiger Architektur, insbesondere zur Vermeidung urbaner Hitzeinseln (→*vertikale Gärten*). In der Kapselstadt sind alle Gebäude weiß gestrichen.

ALGEN: Nährstoffreiche Pflanzen, die im Wasser wachsen. Heute werden jährlich ca. acht Millionen Tonnen Algen zu Viehfutter, Lebensmitteln und Kosmetika verarbeitet, Tendenz steigend. Algen sind reich an Eiweiß und Vitaminen. Und klimaschonend: Bei der Produktion von einem Kilogramm Algenbiomasse werden vier Kilogramm CO_2 gebunden. Die derzeit größte Anlage für industrielle Algenproduktion befindet sich in Sachsen-Anhalt (siehe Abbildung S. 72/73). In einem 1,2 Hektar großen Gewächshaus wachsen die Algen in einem fünfhundert Kilometer langen Glasröhrensystem, 150 000 Tonnen Trockenalgen können pro Jahr produziert werden (vgl.

Schürmann 2007). Eine neue Art von Algenfarm wird in Hamburg realisiert. Im Rahmen eines Pilotprojekts des Energielieferanten E.ON soll Algenanbau direkt in einem Gas-Blockheizkraftwerk erfolgen, damit die kohlendioxidfressenden Algen da wachsen, wo das unerwünschte CO_2 entsteht. Algenbasierte, aquatische Landwirtschaft plant der Künstler Peter Fend. Er projektierte 2007 Algenfarmen in der Elbe, deren Erzeugnisse mit umgebauten U-Booten geerntet werden können. Für Peter Head, Direktor für nachhaltige Entwicklung bei Ove Arup, einem der weltweit führenden Ingenieurbüros, stellen Algen einen wichtigen Bestandteil einer zukünftigen CO_2-neutralen Energiewirtschaft dar (vgl. Arup 2009). Das Alfred-Wegener-Institut für Polar- und Meeresforschung untersuchte auf der Polarexpedition LOHAFEX die Eisendüngung von Algen im Südatlantik. Das Projekt sollte prüfen, ob auf diesem Wege bedeutende Mengen CO_2 aus der Atmosphäre langfristig gebunden werden können und ob damit die Erderwärmung gestoppt werden kann. Die ersten Ergebnisse waren vielversprechend, weitere Forschungen sollen folgen. In der Kapselstadt sind Algen in klimaaktive Fassadenelemente integriert, die CO_2 binden und gleichzeitig neue Biomasse erzeugen. Neben →*Soylent Green* sind Algen das wichtigste Grundnahrungsmittel in der Kapselstadt.

ALLEN, JOHN POLK: (* 1929 Carnegie/Oklahoma) Ingenieur, Ökologe. Initiator und Forschungsleiter von →*Biosphere 2*, dem ambitionierten Versuch, in der Wüste von Arizona die Lebensbedingungen in einem künstlichen Biosystem auf einem extraterrestrischen Planeten zu erproben. Unter dem Pseudonym Johnny Dolphin veröffentlicht er Gedichte, Kurzgeschichten und Romane.

ALLUVIAL SPONGE COMB: Neuartige Form eines flexiblen Damms, seit 2006 von den Architekten →*Anderson Anderson* als Reaktion auf die Überschwemmung von New Orleans entwickelt. Der Alluvial Sponge Comb besteht aus mehreren fingerartigen Strukturen, die wie eine Windel mit wasserabsorbierenden Fasern gefüllt sind. In Trockenzeiten erlauben die Finger freie Bewegung von Mensch und Tier durch das Gelände, zwischen den Fingern können Pflanzen wachsen. Steigt das Wasser, bläht sich der Alluvial Sponge Comb auf, ein Damm entsteht. Nach der Flut trocknen die wasserabsorbierenden Fasern wieder und schrumpfen auf ihre ursprüngliche Größe. In Zeiten, in denen immer mehr Städte von Überschwemmung bedroht sind, wird Hochwasserschutz zu einer immer wichtigeren Maßnahme der → Klima-**Adaptation**.

ANDERSON ANDERSON: In San Francisco (→ *Kalifornien*) ansässiges Architekturbüro von Peter und Mark Anderson. Das Büro arbeitet im Grenzbereich von Kunst, Architektur und Technologie. Entwickelten unter anderem das Dammsystem → *Alluvial Sponge Comb*.

ANT FARM: 1968 in San Francisco von Chip Lord und Doug Michels gegründetes Künstlerkollektiv, später stieß Curtis Schreier zum engeren Kreis hinzu. Die Gruppe beschäftigte sich vor allem mit aufblasbaren Architekturen, sogenannten »Inflatables«. Ein Beispiel dafür ist der → *Clean Air Pod* von 1970. Mit Inflatables wollte Ant Farm Räume erzeugen, in denen es durch psychophysische Wechselwirkungen zur Auflösung mentaler Blockaden kommen sollte: »Die [→] Freiheit und Instabilität eines Umfelds, in dem die Wände immer wieder zu Decken werden, setzt eine große Menge [→] Energie frei, die sonst in den x-, y- und z-Ebenen des normalen Kisten-Raumes eingeengt ist.« (Übers. n. Antcorps 1973) Die Herstellung und Verwendung der Inflatables hat Ant Farm 1971/73 im → *Inflatocookbook* dokumentiert. Dort zeichnet Ant Farm Parallelen zwischen den Gefährdungen im Inflatable und dem zukünftigen Leben in der Erdatmosphäre: »Wenn draußen die Sonne scheint, wird es wahnsinnig heiß innen drin. Man wird geradezu gekocht.« (Ebd.) Damit erscheint auch das plötzliche Ende der Ant-Farm-Aktivitäten visionär: »Am 7. August 1978 kam Ant Farms zehnjährige Zusammenarbeit zu einem plötzlichen Ende. An diesem Tag vernichtete ein Feuer den Großteil ihrer Arbeit. Auch wenn das Ende unerwartet kam, war der Zeitpunkt richtig.« (Übers. n. Scott 2008)

ARCHIGRAM: (Neologismus, abgeleitet von den englischen Begriffen *architecture* und *telegram*) 1) Britische Architektengruppe bestehend aus Ron Herron, Peter Cook, Warren Chalk, Dennis Crompton, David Greene und Michael Webb. Inspiriert von futuristischen Technologien, utopischen Sozialkonzepten und der Bildsprache der Popkultur, wollten sie architektonisch, kulturell und politisch eine neue Welt erschaffen. Zentrales Instrument ihrer Arbeit waren Illustrationen, die sie in der Zeitschrift *Archigram* veröffentlichten. Ihre Architekturen für mobile, flexible Wohn- und Stadtlandschaften entstanden so im Bereich der Zweidimensionalität. Auch wenn ihre Entwürfe hypothetisch angelegt waren und dementsprechend unrealisiert blieben, haben ihre Projekte die Architektur maßgeblich beeinflußt. → *Walking City*, Instant City und Plug-In City sind zu städtebaulichen Legenden geworden (vgl. Webb 1999, S. 2 f.). 2) Name einer Architekturzeitschrift mit neun Ausgaben, erschienen von 1961 bis 1974. Sprachrohr der gleichnamigen Architektengruppe.

ASIMOV, ISAAC: (* 1920 Petrovichi/Weißrußland, † 1992 New York City) Amerikanisch-russischer Biochemiker und Science-fiction-Autor. Zu seinen wichtigsten Werken gehört sein Roman *Die* → *Stahlhöhlen* aus dem Jahr 1954.

ATOMBOMBE: Massenvernichtungswaffe des 20. und 21. Jahrhunderts (siehe Abbildung S. 76/77). Nach → *Crutzen* und Birks (1982) lösen die durch Atombombenexplosionen entstehenden Rauchbildungen und Staubaufwirbelungen den »nuklearen Winter« aus. Martin van Creveld, Militärhistoriker aus Israel, beschreibt den möglichen Einsatz von Atombomben zur Behebung des Klimawandels: »Wir versammeln ein internationales Team von Wissenschaftlern [...], die

den Auftrag erhalten, einen oder mehrere Orte auszuwählen, wo überirdische Atomwaffenexplosionen vergleichsweise wenig Schaden anrichten, etwa in den riesigen Wüsten Asiens oder Afrikas oder in Nordsibirien. Sie müßten Waffen mit geringer Strahlung, aber hoher Sprengkraft auswählen, wie etwa die [...] 57-Megatonnen-Bombe. Alles müßte so arrangiert werden, daß die Detonationen möglichst viel Rauch, Staub und Gestein in die Atmosphäre schleudern und das Gemisch von den dort vorherrschenden Winden in die richtige Richtung getragen wird. Mit etwas Glück wäre das Problem der Klimaerwärmung dadurch gelöst [...]. Wenn nicht global, so wenigstens lokal, und wenn auch nicht auf ewig, so doch auf bestimmte Zeit. [...] Das ganze Arrangement würde vermutlich nur wenige Hundert Millionen Dollar kosten, vielleicht weniger – lächerlich also im Vergleich zu den Schäden, die die Erderwärmung angeblich täglich anrichtet.« (Creveld 2008, S. 71) Atombomben könnten auch bei anderen Formen des **→ Geo-Engineering** eingesetzt werden. So könnten mit Hilfe ihrer Detonationsenergie Meteoriten aus ihrer Bahn gelenkt werden, so daß sie auf die Erde treffen. Dadurch würde sich der Radius der irdischen Sonnenumlaufbahn vergrößern und die Menge der auf die Erdatmosphäre einwirkenden Sonnenenergie vermindern (vgl. Adams/Korycansky/Laughlin 2001).

AUFFANGLAGER: Im Sommer 2004 schlug der damalige deutsche Innenminister Otto Schily vor, EU-Auffanglager für Flüchtlinge in Nordafrika zu errichten – die Flüchtlinge also einzusammeln, bevor sie überhaupt europäischen Boden erreichen. Beamte der EU sollen vor Ort die Schutzbedürftigkeit der Flüchtlinge prüfen und entscheiden, ob sie in ein EU-Land vorgelassen werden sollen, um dort einen Asylantrag zu stellen. Derartige Einrichtungen würden es ermöglichen, so Schily, »die Schutzbedürftigkeit von Menschen zu prüfen, ohne daß sie sich zuvor auf das Mittelmeer in Lebensgefahr begeben müssen« (Prantl 2004). Kritiker sahen in seiner Initiative den Versuch, Europas Außengrenzen weiter abzuriegeln. Dazu Schily im Gespräch mit Heribert Prantl von der *Süddeutschen Zeitung*: »Nein, wir igeln uns nicht ein.« – »Das Bild von der Festung Europa ist also falsch?« – »Es ist falsch.« (Ebd.) Heute gelten nordafrikanische Staaten als »Pufferzonen« (vgl. Münkler 2008) zwischen Europa und dem subsaharischen Afrika. In Zukunft könnte ganz Nordafrika als Auffanglager für Klima- und Bürgerkriegsflüchtlinge fungieren (**→ Wüstentechnologie**).

BARBARELLA: 1) Bezeichnung für die erste deutsche Hybridrakete. Entwickelt an der TU München, wurde sie am 12. Mai 1974 von der in der Ostsee liegenden Hubinsel Barbara aus gestartet. Derzeit fristet Rakete Barbarella ihr Dasein im Deutschen Museum in München. **2)** Astronautin im gleichnamigen Spielfilm von Roger Vadim aus dem Jahr 1968. Verkörpert von der Flower-Power-Ikone und Ökoaktivistin Jane →*Fonda,* fliegt Barbarella im Auftrag der Regierung der Erde durch das Weltall, um als Agentin für den »Sieg der Liebe« den galaktischen Frieden zu bewahren (siehe Abbildung S. 78/79). Dafür befreit sie sich bereitwillig aus ihren von Paco Rabanne entworfenen Astronautenanzügen, am liebsten in der Schwerelosigkeit. Die Spur der Liebe führt sie zu der Stadt Sogo und deren Vorort, genannt »Labyrinth«. Ins

79

Labyrinth wurden vom »Großen Tyrannen« all jene verbannt, die nicht bösartig genug sind, um in der Hauptstadt zu leben. Gebaut wurde Sogo aus riesigen Eiskuppeln. Damit es nicht ganz so kalt ist, erhitzt der Mathmos – eine gigantische Fußbodenheizung aus Lava – die Atmosphäre in der Stadt.

BIO-ADAPTER: Erfindung von Oswald →*Wiener*; beim Bio-Adapter handelt es sich um eine Art Ersatzuterus, Ur-Kapsel bzw. künstlichen Glücksgenerator. »in seiner wirkung kann der bio-adapter mit der eines äusserst hochgezüchteten, durch laufende anpassung auch den differenziertesten bedürfnissen höchstorganisierter lebewesen gewachsenen uterus verglichen werden [→*Glücksanzug*]. [...] der adapter legt sich [...] zwischen den ungenügenden kosmos und den unbefriedigten menschen. er schliesst diesen hermetisch von der herkömmlichen umwelt ab und greift nur in den ersten stadien der [→] adaption auf zu diesem zweck gespeicherte eigene informationen [...] zurück. [...] in der ersten adaptions-stufe vertritt der adapter förmlich das ›aussen‹, er simuliert wechselbeziehungen, indem er sich als partner versteht. der sich von seiner umwelt auf attraktive weise ausgeeinzelt fühlende mensch weiss sich inmitten einer konversation, in einem spiel-ähnlichen dialog mit einer wohlwollenden instanz begriffen. die tatsächliche aktivität des bio-adapters in dieser phase besteht jedoch in der simulation eines kommunikationsschildes [...]. er simuliert einen verkehr mit dem ›aussen‹, [...] die impulse der bio-einheit werden analysiert, nach massgabe der zunächst mutmasslichen lustbetonung neugruppiert, transkodifiziert und eingespiegelt.« (Wiener 1969, S. 175)

BIOGAS: Brennbares Gas, das durch Fäulnisprozesse aus →*Biomasse* gewonnen wird; wesentlicher Bestandteil ist →*Methan*. Biogas gilt als klimaneutral und hat auch wirtschaftsethisch einen guten Ruf. Kann als Brennstoff zur Stromerzeugung verwendet werden. Kritiker der Biogastechnologie wenden ein, daß die nötige Biomasse meist

aus nichtnachhaltiger bzw. nichtartgerechter Agrarproduktion stamme. So würden etwa in Monokulturen angebauter Mais sowie Gülle aus der Massentierhaltung verwendet (vgl. Gersmann 2008). Biogas kommt auch im Projekt Supergas der dänischen Künstlergruppe Superflex als Mittel zum Aufbau einer subsistenten Energiewirtschaft in Entwicklungsländern zum Einsatz. In Kollaboration mit dänischen und afrikanischen Ingenieuren entwickelte Superflex tragbare Biogasanlagen, die aus dem Dung von zwei bis drei Rindern genügend Gas für den Tagesverbrauch einer acht- bis zehnköpfigen Familie produzieren (siehe Abbildung S. 80/81). Bislang kamen die Supergas-Anlagen in Tansania, Kambodscha, Thailand und Sansibar zum Einsatz. Nicht das gesamte verfügbare Biogas wird tatsächlich, wie zum Beispiel in Bartertown (→ *Mad Max*), der thermischen Verwertung zugeführt. 86 Millionen Tonnen → *Methan* entweichen jährlich aus dem Verdauungssystem von Nutztieren. Dabei handelt es sich dann nicht um eine umweltfreundliche Energiequelle, sondern um klimaschädliches Treibhausgas.

BIOMASSE: Sammelbegriff für die gesamte organische Substanz. Zur Biomasse zählen Pflanzen, Menschen und Tiere, aber auch tote Substanz wie Laub und Stroh. Als Produkt von Stoffwechselprozessen ist Biomasse energiereich. Sie kann daher vielfältig genutzt werden – doch entstehen oftmals Ressourcenkonflikte. So ist zum Beispiel Mais gleichzeitig Nahrungsmittel und Ausgangsstoff der → *Biogas*-Erzeugung. Intensive Produktion von Biomasse zur Energieversorgung kann daher insbesondere in ärmeren Ländern zu Nahrungsmittelengpässen führen. Einen Ausweg aus der Biomasse-Knappheit liefern → *Full-Cycle*-Verwertungen wie etwa → *Soylent Green*.

BIOSPHERE 2: Ab 1986 in Arizona erbaute originalgetreue Kopie der ersten Biosphäre, unserer natürlichen Umwelt. Auf 13 000 Quadratmetern umschließt das Gebäude unter 6500 Fenstern 200 000 Kubikmeter luftdicht abgeschlossenen Lebensraum. Ziel der Betreiberfirma Space Biospheres

Ventures war es, Technologien zur umgebungs-unabhängigen Kapselkolonisierung des Welt-raums zu entwickeln und zu erproben (→ *Barbarella*, → *Total Recall*). Derartige Kolonien stellen eine preisgünstige Alternative zum → *Terraforming* dar, da die erdähnlichen Lebensbedingungen nur innerhalb des Kapselgebäudes und nicht auf dem gesamten Planeten hergestellt werden müs-sen. Die Kapseln werden mit terrestrischer Materie – Flora, Fauna, Mutterboden, Luft und Wasser – befüllt und anschließend versiegelt. Der erste menschliche Bewohner der Biosphere 2 war ihr Erfinder und Architekt John P. → *Allen*, der 1988 drei Tage in der Kapsel verbrachte. 1991 folgte ein zwei Jahre dauerndes Langzeitexperiment mit acht Wissenschaftlern. Eine zweite Langzeit-mission, gestartet 1994, wurde nach sechs Mo-naten frühzeitig abgebrochen. 2007 wurde die Biosphere 2 mitsamt dem umliegenden Gelände an einen Immobilienentwickler verkauft. Gegen-wärtiger Mieter ist die University of Arizona, die die Anlage nutzt, um »Schlüsselexperimente zur Quantifizierung einiger der Konsequenzen des weltweiten Klimawandels« durchzuführen (übers. n. Biosphere 2 o. J.). Derweil hat sich der *suburban sprawl* der Stadt Tucson bis auf drei Kilometer der ursprünglich inmitten der Wüste erbauten Bio-sphere 2 angenähert. Genehmigungen für 1500 Eigenheime und ein Hotel wurden bereits erteilt. Damit rückt ein Leben in der Kapsel für jedermann in greifbare Nähe. Den gegenwärtigen Zustand von Biosphere 2 hat Noah → *Sheldon* dokumen-tiert.

BUBBLE BOY: US-amerikanischer Spielfilm von Blair Hayes aus dem Jahr 2001. Ein Junge leidet an einer Immunschwäche und muß sich deshalb in ei-ner aseptischen Plastikhülle (siehe Abbildung S. 84/85) aufhalten (→ *Shrink*). Später entdeckt er, daß seine Mutter die Krankheit aus Kontrollsucht erfunden hat. Als Komödie getarnt, stellt *Bubble Boy* die wesentliche Frage der → *Klimakapseln*: Wie wird mit Argumenten, technologischen Ent-wicklungen und psychosozialen Praktiken die → *Freiheit* eingeschränkt?

CALLEBAUT, VINCENT: (* 1977 Soignies/Belgien) Architekt, lebt in Brüssel und Paris. Arbeitet an einer sich selbst erhaltenden »Ökopolis«. 2008 stellte er Pläne für →*Lilypad* vor, eine →*schwimmende Insel*, die Klimaflüchtlingen der Zukunft eine neue Heimat bieten soll.

CLEAN AIR POD: 1970 gestartetes Projekt des Künstlerkollektivs →*Ant Farm*. Der Clean Air Pod ist eine aufblasbare Polyethylenkapsel, die einen betretbaren Raum bildet, der symbolisch Schutz vor schädlicher Luftverschmutzung bieten soll. 1972 wurde er auf dem Campus der University of California (→*Kalifornien*) in Berkeley von →*Ant Farm* installiert (siehe Abbildung S. 86/87). Luftalarmsirenen ertönten, die Studierenden flüchteten aus den Gebäuden. Im Außenraum erhielten sie die Information, daß ein »Luft-Unfall« eingetreten sei und alle, die nicht flüchten können, innerhalb von 15 Minuten sterben müßten. Als Fluchtraum wurde der aufgestellte CAP 1500 angeboten. Die Lokalzeitung *Oakland Tribune* (N. N. 1972) bezeichnete die Aktion als ein »abschreckend realistisches Theaterstück über den Tag, an dem die Luft zum Atmen zu verschmutzt sein wird«. Um auf die wachsende Umweltverschmutzung aufmerksam zu machen, traten Mitglieder von →*Ant Farm*, gehüllt in →*Schutzanzüge* und Gasmasken, gemeinsam mit den Performern Andy Shapiro und Kelly Gloger auf.

CLOUDBUSTER: (Dt. Wolkensprenger) **1)** von Wilhelm
→*Reich* 1953/1954 entwickelte Apparatur zur
Manipulation von →*Orgon*-Energie. Der Reich-
sche Cloudbuster besteht aus mehreren parallel
angeordneten Metallrohren, die mittels Schläu-
chen in fließendem Wasser geerdet sind. In den
Röhren entsteht so eine starke Sogwirkung. Um
Regenfälle hervorzurufen, wird der Cloudbuster
auf Luftschichten niedrigen Orgon-Potentials
gerichtet, das Orgon wird abgesaugt. Das so entstehende starke Orgon-Energie-Gefälle zwischen
den orgonintensiven Wolken und der umliegenden Luft führt zu Niederschlag. Um Regen zu verhindern, muß das Orgon-Gefälle abgeschwächt
werden, so daß eine stabile Wetterlage entsteht.
Zu diesem Zweck wird der Cloudbuster auf die
orgonintensiven Wolken gerichtet, das Orgon

abgesaugt. Bereits Reich selbst wies auf Gefahren des Einsatzes von Cloudbustern hin: »Es wird sich zeigen, daß gesetzliche Regulierungen des Wolkensprengens unerläßlich sein werden, wenn der Ausbruch des Chaos verhindert werden soll.« (Reich 1954a, S. 39) **2)** Künstlerische Arbeit von Christoph →*Keller*, Nachbau des Cloudbusters von Wilhelm Reich, der bereits in verschiedenen Wettergebieten eingesetzt wurde. Während des Reenactment von Reichs Experimenten in New York 2003 kam es zu rekordverdächtigen Regenfällen (Elliott 2003), beim Einsatz im marokkanischen Atlas-Gebirge 2008 laut Eigenaussage des Künstlers zu Hagelschauern (vgl. Keller 2003; Kunstverein Braunschweig 2008). **3)** »Cloudbusting«, Titel eines Songs von Kate Bush aus dem Jahr 1985. Die Single erreichte in den USA,

Großbritannien und Deutschland die Top 10. »I still dream of Organon/I wake up crying/You're making rain/And you're just in reach/When you and sleep escape me/You're like my yo-yo/That glowed in the dark/What made it special/Made it dangerous/So I bury it and forget/Every time it rains/You're here in my head/Like the sun coming out/Ooh, I just know that something good is going to happen« 4) Als Cloudbusting werden auch Wettermanipulationen bezeichnet, die nicht der Reichschen Theorie folgen, sondern auf der → *Impfung* von → *Wolken* mit Stoffen wie Silberiodid beruhen.

COCOON CHAIR: Mobiler Rückzugsraum, der im Jahr 2000 von der schwedischen Designerin Jennie → *Pineus* entwickelt wurde. Das Objekt besteht aus einem Stuhl sowie einer darüber gestülpten Hülle aus undurchsichtigem Stoff, dem Cocoon. Durch Metallstreben in Form gehalten, kann der Cocoon über die Stuhllehne nach hinten aufgeklappt werden und gibt so den Blick auf den Insassen frei (siehe Abbildung S. 114/115). Jennie Pineus empfiehlt den Cocoon als → *Glücksanzug* für den Rückzug aus der urbanen Hektik: »Treten Sie ein, seien Sie beschützt. Erhalten Sie neue → *Energie*, trennen Sie sich für eine Weile von der äußeren Welt, werden Sie ruhig, und denken Sie nach, erlauben Sie sich, allein zu sein, nicht immer erreichbar. Das ist das erwünschte Gefühl in meinem Cocoon Chair.« (Übers. n. Dobers/Strannegård 2004, S. 826) Bei Hitze wird es im Cocoon Chair allerdings stickig.

CODE 46: Spielfilm von Michael Winterbottom aus dem Jahr 2003. *Code 46* spielt in einer globalen Zweiklassengesellschaft, in der die Reichen in dichtbevölkerten Städten leben, vor den Gefahren des Draußen beschützt. Um zwischen den Städten zu reisen, braucht man → *Papeles*. Wer keine hat, bleibt draußen, *al fuera*, dort, wo es kein Leben gibt, sondern nur bloßes Existieren. Wirtschaftsermittler William Geld soll einer Bande von Papeles-Fälschern das Handwerk legen. Damit die Arbeit leichter von der Hand geht, putscht er sich mit emotionserweiternden Drogen auf. Ekstatisch aufgeladen, verliebt er sich allerdings in die Anführerin der Fälscherbande. Das führt zu Komplikationen, zumal die beiden genetisch nicht zueinanderpassen. Bevor sie von den Behörden geschnappt werden, genießen sie eine schöne Zeit *al fuera*.

COOLING WEAR: Kühlende Kleidung, 2007 von dem japanischen Produkt- und Modedesigner Kouji →*Hikawa* als Reaktion auf extreme Temperaturen entwickelt. Eine transparente Kapsel in Form einer Halbkugel umschließt den Kopf des Trägers; ein hüftlanger Mantel aus halbtransparentem weißen Stoff ist nahtlos angefügt. Ein Ventilator an der Vorderseite der →*Klimakapsel* sorgt für einen kühlenden Luftzug. Weitere Erfrischung bringt eine in den Mantelstoff eingearbeitete Duftkapsel, die dezenten Zitronengeruch verströmt. Der Träger ist von der umgebenden Raumluft abgeschirmt. Cooling Wear ermöglicht so auch bei hohen Temperaturen einen unbeeinträchtigten Aufenthalt in urbanen und naturbelassenen Außenräumen. Besonders sinnvoll erscheint ihr Einsatz vor dem Hintergrund der zu erwartenden Klimaveränderungen in der nahen Zukunft; in Tokio werden Sommertemperaturen über 50 Grad Celsius schon ab 2020 erwartet. Außerdem bietet Cooling Wear Schutz vor Moskitos und Krankheitserregern.

CRUTZEN, PAUL J.: (* 1933 Amsterdam) Niederländischer Meteorologe, erhielt für seine Forschungen über das Ozonloch 1995 den Nobelpreis für Chemie. 2006 sorgte er mit dem Vorschlag für Aufsehen, das Erdklima durch die Injektion von Schwefelpartikeln (→*Geo-Engineering*) in die Atmosphäre abzukühlen.

DILLER SCOFIDIO + RENFRO: 1976 in New York von Elizabeth Diller und Ricardo Scofidio gegründetes Architekturbüro, Charles Renfro ist seit 2004 Partner. Mit dem Masterplan für den →*Governors Island Park* (New York City, 2009) und der künstlichen →*Wolke* des Blur Building (Yverdon-les-Bains/Schweiz, 2002) haben Diller Scofidio + Renfro zwei bedeutende Beiträge zur Aktualisierung der Kapselarchitektur geleistet.

DOME OVER MANHATTAN: Gläserne Kuppel mit einem Radius von drei Kilometern, die Richard Buckminster →*Fuller* und Shoji Sadao im Jahr 1960 vorstellten. Ihr Entwurf sah vor, Teile der Stadt New York durch eine transparente Hülle von der Außenwelt abzuschließen. Diese gigantische Kuppel sollte vom Hudson zum East River sowie von der 22.

zur 62. Straße reichen (siehe Abbildung S. 90/91). Hinter den gigantischen Ausmaßen stecken konkrete Berechnungen: Die Außenfläche der geplanten Kuppel entspräche nur $1/85$ der Außenflächen der überdeckten Gebäude in Mid-Manhattan, so die Kalkulation von Fuller und Sadao. Zur Beheizung im Winter und zur Kühlung im Sommer müßte demnach auch nur $1/85$ der in den Einzelgebäuden verbrauchten →*Energie* aufgewandt werden. Die Kosten für den Bau der Kuppel würden sich so nach wenigen Jahren amortisieren. Eine wichtige Einsatzmöglichkeit von Kuppelstädten sah Fuller in der Besiedlung der Arktis und Antarktis (vgl. Fuller 1969, S. 353). Neben ökonomischen Vorteilen war Fuller auch von der Wohnqualität in den Kuppelstädten überzeugt: »Von drinnen wird man ungestörten Kontakt nach draußen haben. Die Sonne und der Mond werden auf die Landschaft scheinen, der Himmel wird vollständig sichtbar sein, aber die unangenehmen Auswirkungen des Klimas – Hitze, Staub, Ungeziefer, grelles Licht etc. – werden durch die Hülle moduliert, so daß im Inneren ein Garten [→] Eden entsteht.« (Übers. n. Allwood 1977, S. 169) Fullers Dome diente als Vorbild für die Entwicklung der Kapselstadt. Verwandt mit dem Dome over Manhattan ist auch der →*Dome over Springfield*.

DOME OVER SPRINGFIELD: Auf Anweisung von US-Präsident →*Schwarzenegger* von der amerikanischen Umweltbehörde EPA eingerichtete Schützhülle über Springfield, nachdem Homer Simpson die dortige Wasserversorgung mit (von ihm nicht zur Gewinnung von →*Biogas* genutztem) Schweinedung verseucht hatte. Die Vorkommnisse sind ausführlich dokumentiert im US-amerikanischen Zeichentrickfilm *Die Simpsons – Der Film* aus dem Jahr 2007.

DOWNEY, JUAN: (* 1940 Santiago/Chile, † 1993 New York City) US-amerikanischer Videokünstler. In seiner Arbeit *Fresh Air* aus den Jahren 1971-1973 schloß er die Naturkapsel →*Fresh Air Cart* von Gordon →*Matta-Clark* in eine Zeitkapsel ein.

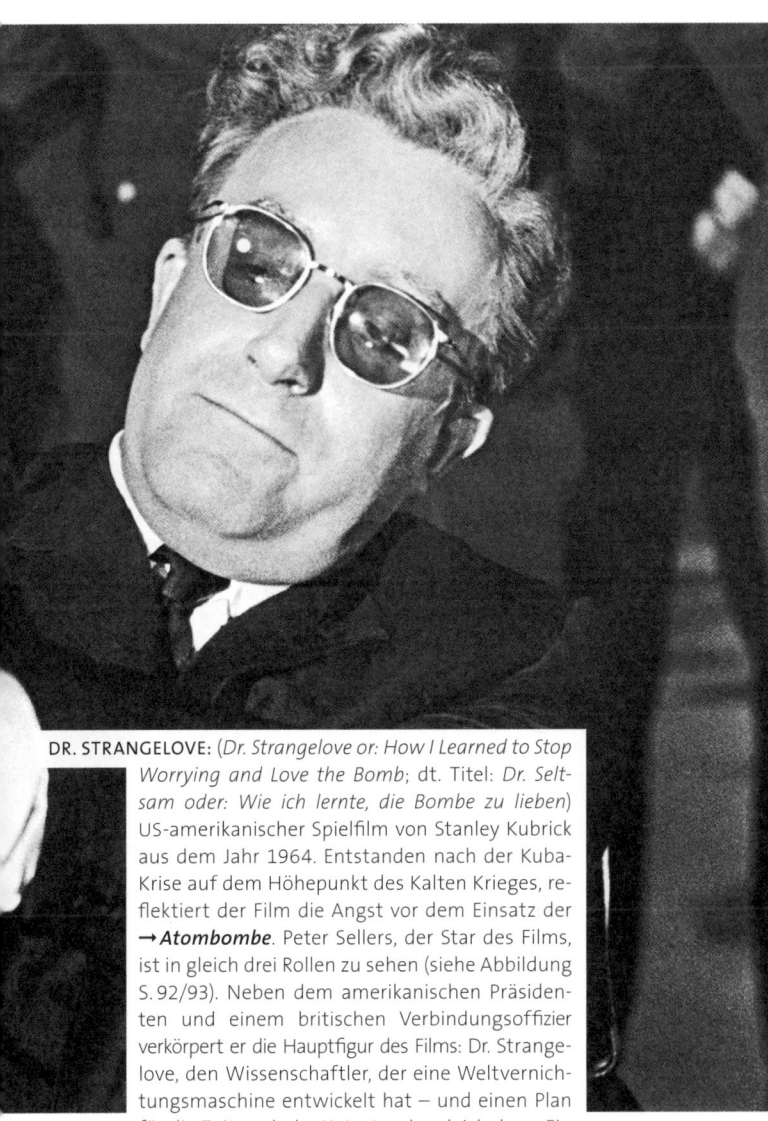

DR. STRANGELOVE: (*Dr. Strangelove or: How I Learned to Stop Worrying and Love the Bomb*; dt. Titel: *Dr. Seltsam oder: Wie ich lernte, die Bombe zu lieben*) US-amerikanischer Spielfilm von Stanley Kubrick aus dem Jahr 1964. Entstanden nach der Kuba-Krise auf dem Höhepunkt des Kalten Krieges, reflektiert der Film die Angst vor dem Einsatz der → *Atombombe*. Peter Sellers, der Star des Films, ist in gleich drei Rollen zu sehen (siehe Abbildung S. 92/93). Neben dem amerikanischen Präsidenten und einem britischen Verbindungsoffizier verkörpert er die Hauptfigur des Films: Dr. Strangelove, den Wissenschaftler, der eine Weltvernichtungsmaschine entwickelt hat – und einen Plan für die Zeit nach der Katastrophe gleich dazu: Ein Atomkrieg soll die Welt vernichten, nur ein ausgewählter Nukleus der Menschheit soll in Berg-

93

werksstollen tief unter der Erde etwa 100 Jahre überleben, bis die Lebensbedingungen an der Oberfläche eine Rückkehr zulassen. Ein Computer soll anhand von Kriterien wie »Jugend, Gesundheit, sexueller Fruchtbarkeit und Intelligenz« darüber entscheiden, wer in den Stollen darf und wer nicht. Das Verhältnis von einem Mann zu zehn Frauen ist dabei entscheidend, wobei die Auswahl der Frauen sich an ihren geschlechtlich stimulierenden Eigenschaften orientiert. »Gewächshäuser könnten das pflanzliche Leben erhalten«, so Dr. Strangelove, »und man könnte Tiere züchten und schlachten.« (→ *Biosphere 2*; → *Eden*). Ähnlichkeiten mit realen Personen wurden in der Filmrezeption intensiv diskutiert, von Betroffenen aber vehement zurückgewiesen. So konstatierte Edward → *Teller*, Wissenschaftler und Entwickler der Wasserstoffbombe, 1999 in einem Interview mit dem Magazin *Scientific American*: »Mein Name ist nicht Strangelove. Ich weiß nichts über Strangelove. Ich interessiere mich nicht für Strangelove.« (Übers. n. Stix 1999, S. 43)

ECOSISTEMA URBANO: Architekturbüro und offenes System mit Sitz in Madrid. Schwerpunkt der Arbeit sind Ökologie und Nachhaltigkeit. 2007 realisierte Ecosistema Urbano in Vallecas/Madrid mit den → *Luftbäumen* eine urbane Naturkapsel.

EDEN: 1) Biblisches Paradies; **2)** Eden Project, botanischer Garten bei Bodelva in Cornwall, seit 1998 erbaut von Nicolas → *Grimshaw* in einer stillgelegten Kaolingrube. Herzstück sind acht 2001 fertiggestellte geodätische Kuppeln mit einer Gesamtfläche von 23 000 Quadratmetern (→ *Fuller*). Jeweils vier Kuppeln sind zu einem Gebäude zusammengefaßt, in dem eine Klimazone samt der entsprechenden Flora simuliert wird: einerseits der tropisch-feuchte Regenwald, andererseits das subtropisch-trockene Mittelmeerklima.

95

Nach Angaben von Grimshaw handelt es sich um die größte Naturkapsel der Welt. Dennoch erlaubt die Bauweise der Kuppeln die maximale Illusion einer Nähe zur Natur: Die Paneele zwischen den Verstrebungen sind aus ETFE-Folie gefertigt, einem Werkstoff, der hohe Lichtdurchlässigkeit mit geringem Gewicht verbindet. So bleibt der Himmel stets im Blick (siehe Abbildung S. 94/95).

ENERGIE: (Griech. für wirkende Kraft) Laut Energieerhaltungssatz bleibt die Gesamtenergie in einem geschlossenen System konstant.

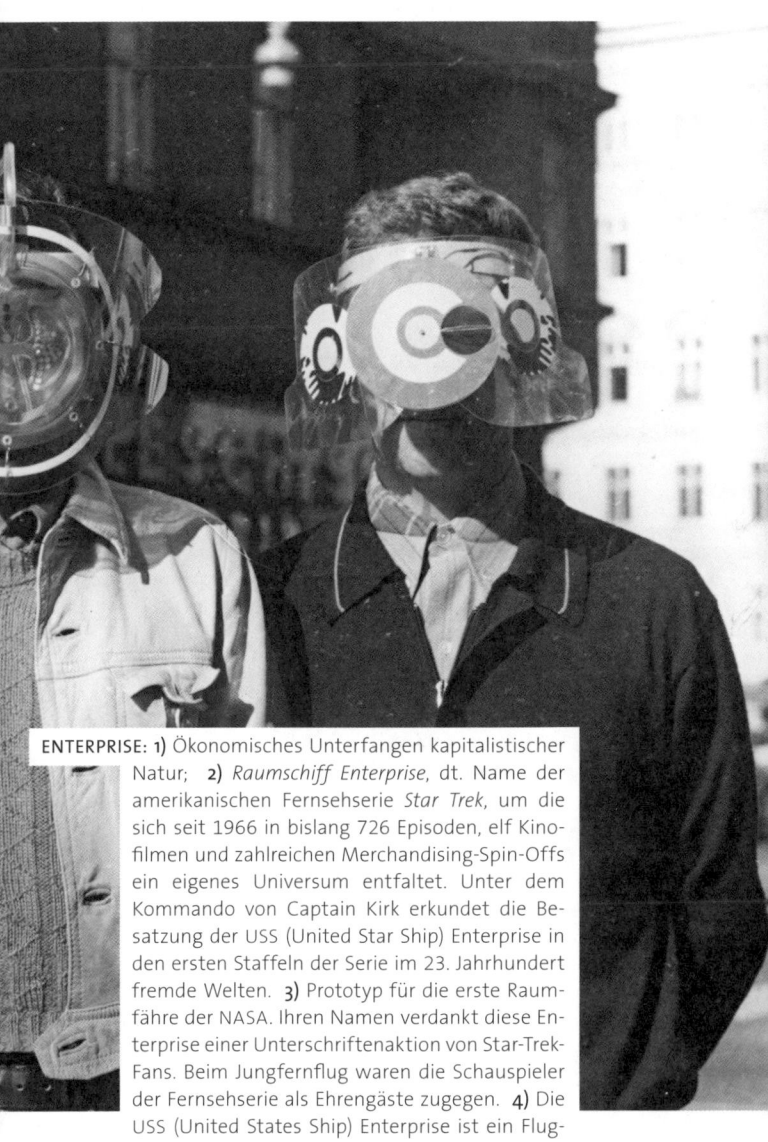

ENTERPRISE: 1) Ökonomisches Unterfangen kapitalistischer Natur; **2)** *Raumschiff Enterprise*, dt. Name der amerikanischen Fernsehserie *Star Trek*, um die sich seit 1966 in bislang 726 Episoden, elf Kinofilmen und zahlreichen Merchandising-Spin-Offs ein eigenes Universum entfaltet. Unter dem Kommando von Captain Kirk erkundet die Besatzung der USS (United Star Ship) Enterprise in den ersten Staffeln der Serie im 23. Jahrhundert fremde Welten. **3)** Prototyp für die erste Raumfähre der NASA. Ihren Namen verdankt diese Enterprise einer Unterschriftenaktion von Star-Trek-Fans. Beim Jungfernflug waren die Schauspieler der Fernsehserie als Ehrengäste zugegen. **4)** Die USS (United States Ship) Enterprise ist ein Flugzeugträger der US-amerikanischen Seestreitkräfte. Die Enterprise war bei Inbetriebnahme

1961 der erste Flugzeugträger mit Kernenergie-
antrieb (→**Atombombe**); sie ist seit 1975 zwar
nicht mehr das größte, aber immerhin noch das
längste Kriegsschiff der Welt. **5)** Enterprise ist
auch der Name des Flugzeugträgers, der in Neal
Stephensons Roman *Snow Crash* den Mittelpunkt
des großen schwimmenden Floßes bildet. Sowohl
Kriegs-, Roman- als auch Raumschiff lieben das
Umherschweifen, nur selten gehen sie vor Anker.
Damit stehen sie in enger Verwandtschaft zur
→**schwimmenden Insel**, einer weiteren autarken
Entität in der unendlichen Weite von Ozean und
All.

ENVIRONMENT TRANSFORMER: 1968 von der österreichischen Architekten- und Künstlergruppe →**Haus-
Rucker-Co** entwickelte Umweltveränderungs-
und Wahrnehmungskapseln (siehe Abbildung
S. 96/97). Radikale Trennung von innen und
außen. Die Environment Transformer wurden
in drei Ausführungen realisiert: Fliegenkopf,
Drizzler und Blickzerstäuber. Drizzler und Blickzerstäuber verfremden mit transparentem
PVC-Visier den Blick, der Fliegenkopf verzerrt als
facettierter PVC-Helm mit Sehfilter und Stereo-
kopfhörer zudem auch noch alle akustischen
Reize. Sehen und Hören verlieren unter Einfluß
der Umweltveränderer ihre Selbstverständlich-
keit. Der alltägliche unterkomplexe Weltzugriff,
der »die Dinge und Vorgänge zwar registriert«,
so Haus-Rucker-Co, »aber nicht mehr wirklich
erfaßt« (Bogner 1992, S. 31), wird irritiert und in
eine bewußte Wahrnehmungsform überführt,
die »echten Kontakt zur Umwelt« (ebd.) ermöglicht: »Durch die Umweltveränderer Fliegenkopf,
Drizzler und Blickzerstäuber sehen Sie die Dinge
anders.« (Ebd.)

EXTREME GREEN GUERILLA: (Kurz: EGG) 2007 von Michiko
→**Nitta** initiierte fiktive ökologische Wider-
standsbewegung. EGG kritisiert den pseudo-
nachhaltigen, konsumfreudigen Lebensstil, wie
er von Regierungen, NGOs, aber auch grünen
Unternehmen propagiert wird. EGG denkt deshalb Maßnahmen zur Rettung der Erde ins Ex-

treme weiter: Nachrichten sollen nicht per Telefon oder Internet, sondern mittels Zugvögeln, Heringsschwärmen und anderen wandernden Tieren verteilt werden. Fleischliche Nahrung beschränkt sich auf widerstandsfähige genetische Kreuzungen aus Ungeziefer (z. B. Ratten) mit Nutztieren (z. B. Hasen). Die Mitglieder tragen Piercings, die mittels einer Giftinjektion ihr Leben im Alter von vierzig Jahren beenden, um so die Umwelt zu schonen (vgl. Nitta o. J.).

F

FLIEGENDE STÄDTE: Territorial unabhängige Ausgestaltung des Konzepts »urbane Siedlung«. Auf der 11. Architektur-Biennale in Venedig 2008 stellte das chinesische Architekturbüro MAD Architecture ein Modell einer fliegenden Stadt vor (siehe Abbildung S. 100/101). Das Projekt »Superstar: A Mobile China Town« ist ein fliegender Stern als autarke Stadt. Geplant ist ein Fassungsvermögen von 15 000 Personen, die mit Wohneinheiten, Anbauflächen, Gärten und einem digitalen Friedhof bestens versorgt werden sollen. Der Superstar soll die Dynamik und →*Energie* der modernen chinesischen Gesellschaft repräsentieren und sich als mobile Fusion von Technologie und Natur unabhängig um den Globus bewegen können. So kann die chinesische Kultur mit Menschen in aller Welt geteilt werden. Mit der Air-Port-City entwarf der argentinische Künstler Tomás →*Saraceno* 2006 einen weiteren Vorschlag für eine ungebundene Zukunft in luftiger Höhe. Der geodätische Ballon aus durchsichtiger PVC-Folie wird aus einer Struktur von kleineren Einheiten gebildet, angeordnet wie Tautropfen in einem Spinnennetz. So bleibt die transparente Kugel in ihrer Größe variabel und gleicht aufgrund der Oberflächenstruktur einer →*Wolke*. Das hauchdünne Material wiegt nur ungefähr dreimal soviel wie Luft, was es der Air-Port-City erlaubt, ähnlich wie eine Wolke zu zirkulieren. Saracenos fliegende Siedlung soll als nomadische Wohnplattform zur kontinuierlichen Bewegung abseits von territo-

rialen, ethnischen und sozialen Grenzen ermutigen. Der in der Tradition von Richard Buckminster →**Fuller** stehende Künstler und Architekt sieht seine Arbeiten allerdings keineswegs als rein utopisches Modell: »Utopia existiert nur so lange, bis es erschaffen wird […]. Die Idee von Utopia unterliegt einer konstanten Veränderung und dem Wandel auf dem entsprechenden Gebiet.« (Übers. n. Saraceno 2004; →**Heterotopie**). Ähnlich der Air-Port-City ist das Museo Aero Solar (2009) dem Prinzip der Verbindung des variabel Großen und Kleinen unterworfen. Das fliegende Museum besteht aus wiederverwendeten Plastiktaschen, die im Verbund einen Ballon bilden. Als kollektives Kunstwerk macht es an verschiedensten Orten in verschiedenen Ländern halt. Durch das Mitwirken der lokalen Bevölkerung unterliegt es einer ständigen Veränderung und Vergrößerung, was einerseits die Flugweite des Ballons erhöht, andererseits aber auch den musealen Bestand an Plastiktüten erweitert. Dieser dank Solarenergie fliegende Flickenteppich aus international kollektiv-recycelten Plastiktüten soll wie →**Plastiki** auf die Meeresverschmutzung durch Plastikmüll hinweisen. Alle fliegenden Städte stellen das überkommene Konzept territorialer Grenzen in Frage, denn ihr Territorium ist der weltumspannende Luftraum.

FLOATING ISLAND TO TRAVEL AROUND MANHATTAN ISLAND: Performative Installation von Robert →**Smithson.** Diese →**schwimmende Insel** besteht aus einem mit Bäumen, Sträuchern und Erde aus dem Central Park befüllten Lastkahn, der von einem Motorboot gezogen wird. 1970 zeichnete Smithson den Entwurf für diese Naturkapsel, 2005 wurde sie unter Aufsicht seiner Witwe in New York City realisiert.

FONDA, JANE: (* 1937 New York City) Schauspielerin, Fitneßikone (»Pilates ist tot, lang lebe Aerobic!«) und politische Aktivistin. Einem breiteren Publikum wurde sie vor allem durch die Titelrolle in →**Barbarella** bekannt. Sie engagierte sich gegen Vietnamkrieg und Atomkraft und verursachte so nach dem Reaktorunfall nahe Harrisburg beim »Vater der Wasserstoffbombe«, Edward →**Teller**, nach dessen eigenen Aussagen einen Herzinfarkt, weil ihn der Widerstand gegen ihre »Propaganda« überanstrengte: »Ich bin 71 Jahre alt, und ich habe 20 Stunden am Tag gearbeitet«, schrieb er in einer zweiseitigen Anzeige im *Wall Street Journal*, »die Belastung war zuviel. Man könnte sagen, daß ich die einzige Person bin, deren Gesundheit durch den Reaktorunfall nahe Harrisburg beeinträchtigt wurde. Aber das wäre falsch. Es war nicht der Reaktor, sondern Jane Fonda. Kernreaktoren sind nicht gefährlich.« (Übers. n. Teller 1979; →**Atombombe**)

FOSTER, NORMAN: (* 1935 Manchester) Vielfach ausgezeichneter Architekt, der 1999 von Königin Elisabeth II. in den Adelsstand erhoben wurde. Foster entwarf Kapseln unterschiedlicher Größenordnung und Komplexität. Sein Masterplan für die Stadt →**Masdar** im Emirat Abu Dhabi sorgte weltweit für Aufsehen, eine nachhaltige Siedlung mitten in der Wüste, abgekapselt von den umgebenden klimatischen Bedingungen. Unmittelbar architektonisch setzte Foster das Kapselprinzip 1999 bei der Kuppel des Berliner Reichstags um. Perfekt wärmeisoliert, thront der ellipsoide Körper nicht nur aufgrund seiner Höhe, sondern auch klimatologisch über den umliegenden Bauten (→**Futuro**). So berichtet *Die Welt* 2000: »Greenpeace sieht rot. Überall an Berliner Altbauten klaffen große Löcher in der Wärmedämmung. Mit einer Thermographiekamera haben Greenpeace-Aktivisten Wohngebäude und öffentliche Gebäude auf Energieverschwendung überprüft. [...] Vor allem Immobilien aus den sechziger und siebziger Jahren erwiesen sich auf den Aufnahmen als Energieschleudern. [...] Schlechte Energienoten erhielt auch das Sony-Center, durch die Glasfassade entweicht ein großer Teil der Heizwärme.« »Dämm it«, forderten daraufhin Umweltaktivisten in Berlin (N. N. 2000). Anders der Reichstag: »Sogar die Glaskuppel ist perfekt isoliert«, lobte der Initiator der Aktion (ebd.).

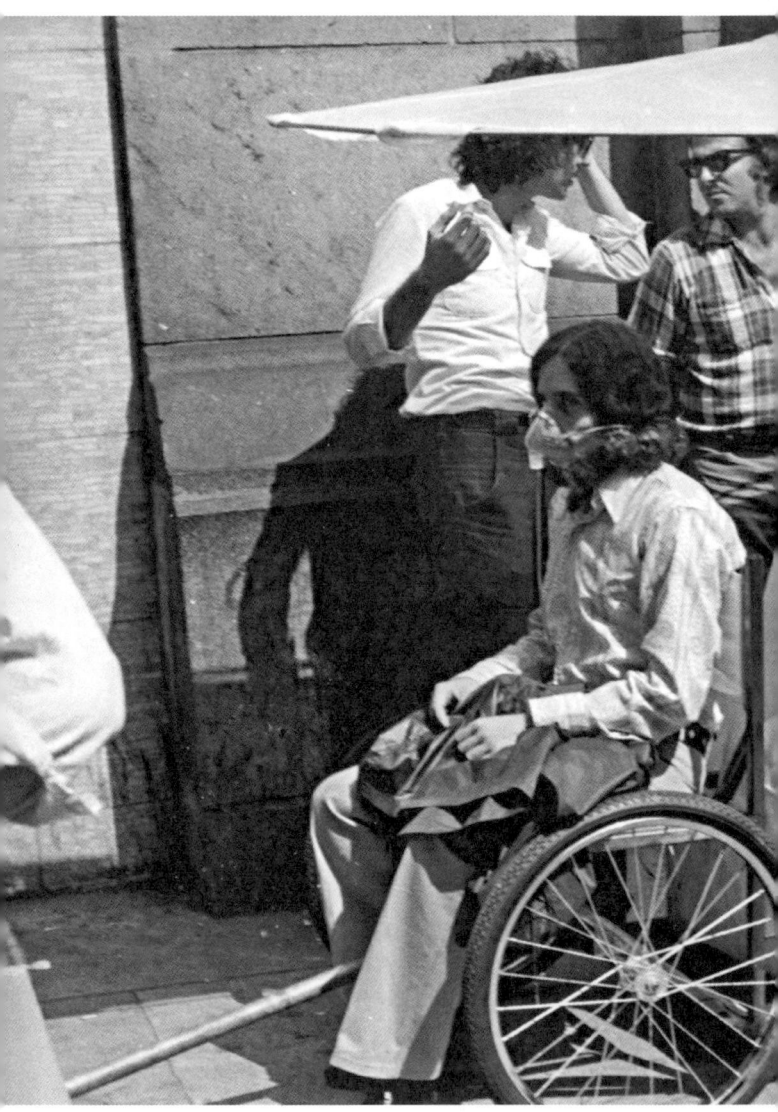

FREIHEIT: Heiß umkämpftes politisches und philosophisches Konzept. Stellvertretend hier drei paradigmatische Freiheitsbegriffe: 1) »Wir sind Herren unserer selbst, nicht wie Gott es in der Welt ist, sondern wie es ein weiser Prinz in seinem Reich ist oder ein guter Familienvater in seinem Hause.« (Übers. n. d'Alembert/Diderot 1765, S. 471); 2) Wirtschaftliche Freiheit, wie sie die der FDP nahestehende Friedrich-Naumann-Stiftung auf der Webseite www.freiheit.org unbeirrt von Finanzkrise und globaler Ungleichheit, definiert: »Durch Freiheit werden die Hindernisse, die dem Erwerb von Wohlstand im Wege stehen, beseitigt. Diese Hindernisse sind zu allen Zeiten die Hauptursache von Massenelend und Not gewesen. Erst die Zunahme wirtschaftlicher Freiheit hat seit dem 19. Jahrhundert echten Massenwohlstand ermöglicht. [...] Dort, wo Freiheit herrscht, haben die Menschen eine höhere Lebenserwartung und einen höheren Lebensstandard als dort, wo Unfreiheit herrscht.« 3) Mobile Freiheit, Traum des fossilen Automobilzeitalters (→*Kalifornien*; gefunden auf www.mobilefreiheit.net): »Frei wie der Wind durch die schönsten Länder reisen, einfach mal stehenbleiben ohne Zeitdruck, an den idyllischsten Plätzen übernachten: Mit einem Reisemobil ist das möglich. Damit die mobile Freiheit auch Wirklichkeit wird, sollten Neulinge eine Wohnmobilreise gut vorbereiten. Am besten kann man dies in einem Wohnmobil- Forum oder einem Wohnmobil-Blog tun. [...] Dort gibt es viele erfahrene Besitzer von Wohnmobilen, die sich über Fahrzeuge und deren Technik, über Reiseziele, Stellplätze und das ganze Drumrum des Campinglebens unterhalten und gern auch Anfängern viele wertvolle Tips geben und Fragen beantworten. Dann steht der ersten großen Fahrt mit dem Wohnmobil nichts mehr entgegen – DAS ist mobile Freiheit!«

FRESH AIR CART: Installation von Gordon →*Matta-Clark* 1972 (siehe Abbildung S. 104/105). In dieser Naturkapsel werden die Insassen mit frischer Atemluft versorgt: Nachdem sie auf den zwei Rücken an Rücken installierten Rollstühlen Platz genommen haben, können sie sich über Atemmasken aus einem Tank mit reiner Luft (79 Prozent Stickstoff, 21 Prozent Sauerstoff) versorgen. Nachdem das originale Fresh Air Cart nur einmal bei einer Performance auf der New Yorker Wall Street zum Einsatz gekommen ist (dokumentiert in der Videoarbeit *Fresh Air* von Juan → **Downey**), findet sein Prinzip heute zahlreiche Nachahmer, vor allem in Asien, wo Stadtbewohner sogenannte Sauerstoffbars besuchen, um sich mit reinem O_2 zu erfrischen. Folgerichtig kam jüngst in Shanghai auch ein Nachbau des Fresh Air Cart zum Einsatz.

FULL CYCLE: (Dt. voller Kreislauf) Der Begriff bezeichnet das Konzept geschlossener Recycling-Kreisläufe, alternativ spricht man auch vom »cradle to cradle«-Prinzip (vgl. Braungart/McDonough 2002). Das Modell sieht vor, daß menschliches Handeln (bspw. in der industriellen Fertigung, in der Bauindustrie oder in der Energieerzeugung) sich strukturell am natürlichen Ökosystem orientiert, also alle benötigten Stoffe in wiederverwertbare Ressourcen umwandelt, anstatt nichtverwertbare Abfälle zu produzieren. Als beispielhaft kann ein Projekt des staatlichen schwedischen Immobilienverwalters Jernhuset gelten, der den Menschen als alternative Energiequelle entdeckt hat (→ **Soylent Green**; → **Biomasse**). So sollen die 250 000 Menschen, die täglich den Stockholmer Hauptbahnhof besuchen, mit ihrer Körperwärme ein benachbartes Bürogebäude beheizen. Über ein Belüftungssystem soll die menschliche Abwärme zur Erhitzung von Wasser verwendet werden, das dann durch Rohre zum geplanten Bürobau geleitet wird. Dessen Energiekosten könnten so um bis zu zwanzig Prozent verringert werden (vgl. N. N. 2008).

FULLER, RICHARD BUCKMINSTER: (* 1895 Milton/Massachusetts, † 1983 Los Angeles) Architekt und Marinesoldat, Universaldesigner, passionierter Segler und Navigator des Raumschiffs Erde, Erfinder der geodätischen Kuppel, des Dymaxion-Prinzips und der Dymaxion-Weltkarte, Entwickler des

World Game, Namensgeber der Fullerenne (sphärische Moleküle aus Kohlenstoffatomen) sowie der Bucky-Balls. Hat der Nachwelt ein → **Handbuch** *(Bedienungsanleitung für das Raumschiff Erde)* hinterlassen und gilt mit dem → **Dome over Manhattan** als Erfinder der Kapselstadt.

FUTURO: 1968 von dem finnischen Architekten Matti → **Suuronen** entworfenes Fertighaus (siehe die Abbildungen auf S. 108 und 109). Als ellipsoide Zukunftsvision Vorläufer des → **R129**. Vom Hersteller ursprünglich als Skihütte vorgesehen, war diese → **Klimakapsel** auf klimatisch und topographisch unwegsames Gelände abgestimmt:

schnell beheizbar (in nur 30 Minuten) und dank vorgefertigter Teile einfach zu errichten (Ab- und Wiederaufbau innerhalb von zwei Tagen). Der Hin- und Abtransport erfolgte u. a. durch Hubschrauber. Das Futuro ist eine klimatische Wohnkapsel, mobil und von den Umgebungstemperaturen abgeschirmt. Trotz seines futuristischen Designs war das Futuro für die Massenproduktion vorgesehen, wurde aber nur ca. 60mal hergestellt. Beliebt bei der Avantgarde, traf das Futuro in der breiteren Öffentlichkeit auf teilweise erbitterten Widerstand. »Matti zerstört die Landschaft« titelte die Zeitschrift *apu* am 20. September 1968. Suuronen selbst sah das ganz anders: »Menschen sollten nicht in schwarzweißen Boxen leben. Die natürlichen Formen sind viel freundlicher.« (Übers. n. Kalha 2002, S. 137) Heute existieren weltweit nur noch wenige Exemplare.

G

GARDENS BY THE BAY: Gartenbauprojekt an der Mündung des Singapur-Flusses, das Singapur zur weltweit führenden tropischen Garten-Stadt machen soll. Die Eröffnung des ersten Bauabschnitts ist für 2011 vorgesehen. Auf einer Fläche von 101 Hektar entstehen drei Gärten, in denen Wohnsiedlungen mit Freizeitattraktionen wie Edutainment-Einrichtungen und kunstvoll gestalteten Pflanzungen kombiniert werden. Gardens by the Bay macht den Traum vom Leben in der Umweltkapsel zur Wirklichkeit (vgl. Gardens by the Bay o. J.). Herzstück der Anlage sind die »Supertrees« (→ *Luftbäume*, → *vertikale Gärten*), die aus einer Fusion von Natur, Kunst und Technologie entstanden sind. Farne, Orchideen und Schlingpflanzen bedecken die Außenseite dieser bis zu fünfzig Meter hohen Türme in Form eines überdimensionalen Tulpenfußtischs. Im Inneren findet sich Hochtechnologie zur Erzeugung einer urbanen Binnenökologie nach den Grundsätzen der Nachhaltigkeit: Photovoltaik-Zellen, solar betriebene Wärmespeicher, Regenwassersammler und Belüftungsanlagen. Auf dem Dach der Supertrees sind Spazierwege angelegt, die dazu einladen, die herrliche Aussicht auf dieses gigantische →*Museum der Natur* zu genießen.

GEO-ENGINEERING: Bewußte Veränderung des Klimasystems durch direkte technische Eingriffe in die Atmosphäre. Die meisten Geo-Engineering-Modelle sind derzeit noch in der Konzeptphase. Strukturell unterscheidet man zwischen: 1) Maßnahmen, die bereits in die Atmosphäre emittierte Klimagase binden sollen, wie zum Beispiel durch Düngung von →*Algen* im Ozean; 2) Maßnahmen, die die Einstrahlung von Sonnenlicht reduzieren sollen. Derzeit sind dabei mehrere unterschiedliche Konzepte im Gespräch: Durch einen gesteuerten Kometeneinschlag könnte die Erdbahn verändert werden – und je größer die Entfernung der Erde von der Sonne, desto geringer ihre Erwärmung. Der Nobelpreisträger Paul J. →*Crutzen* schlägt hingegen vor, jährlich mehrere Tonnen Schwefeldioxid (SO_2) in die Stratosphäre zu injizieren. Das Schwefeldioxid würde dort mit Sauerstoff, Wasser und Schwebepartikeln kleine Schwefelsäuretröpfchen bilden, die eintretendes Sonnenlicht bereits in der Stratosphäre streuen. Diese Technologie wurde schon 1974 von dem russischen Physiker und Klimaforscher Michail I. Budyko vorgeschlagen. Der gleiche Effekt war 1991 beim Ausbruch des →*Pinatubo* zu beobachten. In den neunziger Jahren schlugen Edward →*Teller*, Roderick Hyde und Lowell Wood vor, kleine Metallpartikel in die Stratosphäre einzubringen, da sie mehr Sonnenlicht reflektieren als Schwefelsäurepartikel (vgl. Hyde/Teller/Wood 1997). Der Astrophysiker Roger Angel möchte ein Sonnensegel an L1, dem inneren Lagrangepunkt, positionieren. An diesem Punkt, mehrere Millionen Kilometer von der Erde entfernt, sind die Anziehungskräfte der Erde und der Sonne gleich stark. Das Sonnensegel soll aus Milliarden künstlicher Schmetterlinge bestehen, Scheiben von rund sechzig Zentimeter Durchmesser. Das Einbringen dieser Sonnensegel würde laut Angel ca. dreißig Jahre dauern (vgl. Angel 2006). Ebenfalls diskutiert werden erdnähere Vorschläge. →*Wolken* könnten so manipuliert werden, daß ihre Rückstrahlkraft (→ *Albedo*) erhöht und das Auftreffen des Sonnenlichts auf die Erdoberfläche reduziert wird. Speziell entwickelte Schiffe sollen mikroskopisch große Tröpfchen Meerwasser in die Luft sprühen. Die darin enthaltenen Salzpartikel würden die Tropfengröße in den vorhandenen Wolken reduzieren, die Wolke wird heller und strahlt mehr Sonnenlicht zurück. Dies bezeichnet man als Aerosol-Effekt. Geo-Engineering ist äußerst umstritten, zum einen wegen der noch ungeklärten technischen Machbarkeit, zum anderen wegen der unabschätzbaren und unkontrollierbaren Folgen, vor allem aber, weil es suggerieren könnte, auf → *Mitigation*, also die Reduktion der Emission klimaschädlicher Gase, verzichten zu können.

GLÜCKSANZUG: Sammelbegriff für technisch aufgerüstete Kleidungsstücke und Kopfbedeckungen wie → *Cocoon Chair*, → *Bio-Adapter* und → *Environment Transformer*, die von den Kapselmenschen verwendet werden, um sich sensuell von der Außenwelt abzukoppeln und über eine gezielte Intensivierung von Sinnesreizen Befriedigung zu erlangen.

GOVERNORS ISLAND PARK: Von den Architekturbüros → *Diller Scofidio + Renfro*, West 8 und Rogers Marvel Architects seit 2007 geplante Kapselstadt auf einer Insel südlich von Manhattan. Die Insel, grünes Ausflugsziel für viele New Yorker, soll ein Ökopark werden. Sogar Fahrräder mit Rahmen aus Holz haben die Architekten für den neuen Erlebnisraum entworfen. Die Architektur soll die intensive Wahrnehmung der Landschaft und der gegenüberliegenden Freiheitsstatue ermöglichen. Große gläserne Kapselräume kugeln sich in der Landschaft oder treten wie → *Seifenblasen* aus dem Wasser. Architektonischer Höhepunkt ist das Oyster Restaurant, eine → *schwimmende Insel*, die in einer künstlichen Austernbank verankert ist. Bisher existierende Gebäude werden abgerissen und zu einer neuen vertikalen Landschaft recycelt, künstliche Berge sollen auf der

Insel entstehen. Die Landschaft soll jedoch nicht künstlich aussehen, sondern wirken wie ein »Nationalpark, mit ursprünglicher Natur, Robustheit, wo man nicht merkt, daß es Menschenwerk ist«. Bis zur Finanzkrise war die Fertigstellung für 2012 geplant (vgl. Diller Scofidio + Renfro o. J.).

GREENFORT, TUE: (* 1973 Holbæk/Dänemark) Öko-Künstler; über Umweltschutzgruppen kam er schon früh mit dem Thema Nachhaltigkeit in Kontakt. Seit dem Jahr 2000 entwickelt er künstlerische Arbeiten, in denen er sich auf inhaltlicher und ästhetischer Ebene mit Raum- und Ressourcenkonflikten sowie Umwelttheorien auseinandersetzt. In seinem → *pneumatischen Dome* hat er dieses »komplexe System von Referenzen und Interdisziplinarität« (zitiert n. Eichler 2007) in einer als geodätische Kuppel realisierten Zelle konkretisiert (vgl. Richard Buckminster → *Fuller*).

GRIMSHAW, NICOLAS: (* 1939 Hove/England) Britischer Architekt und Futurist. Entwarf unter anderem das Londoner Eisenbahnterminal Waterloo und das → *Eden* Project, einen von Richard Buckminster → *Fuller* inspirierten Gewächshauskomplex.

GUERILLA GARDENING: Florale Widerstandspraktik. Die Guerilla Gardener streuen mit selbstgebauten → *Seed Bombs* Samen in die Welt. Die Bewegung entstand in London und ist heute in fast jeder Metropole der westlichen Welt vertreten.

H

HALSO, ILKKA: (* 1965 Orimattila/Finnland) Künstler und Fotograf, arbeitet an der Erhaltung der Natur: »Wie jeder weiß, ist die Natur in einem schlechten Zustand. Alles muß renoviert werden.« (Übers. n. Halso o. J.) Er »repariert« Bäume, Felsen und Felder. Gleichzeitig entwirft er Gebäude für ein → *Museum der Natur*, das bestehende Naturräume in sichere Kapseln einschließt.

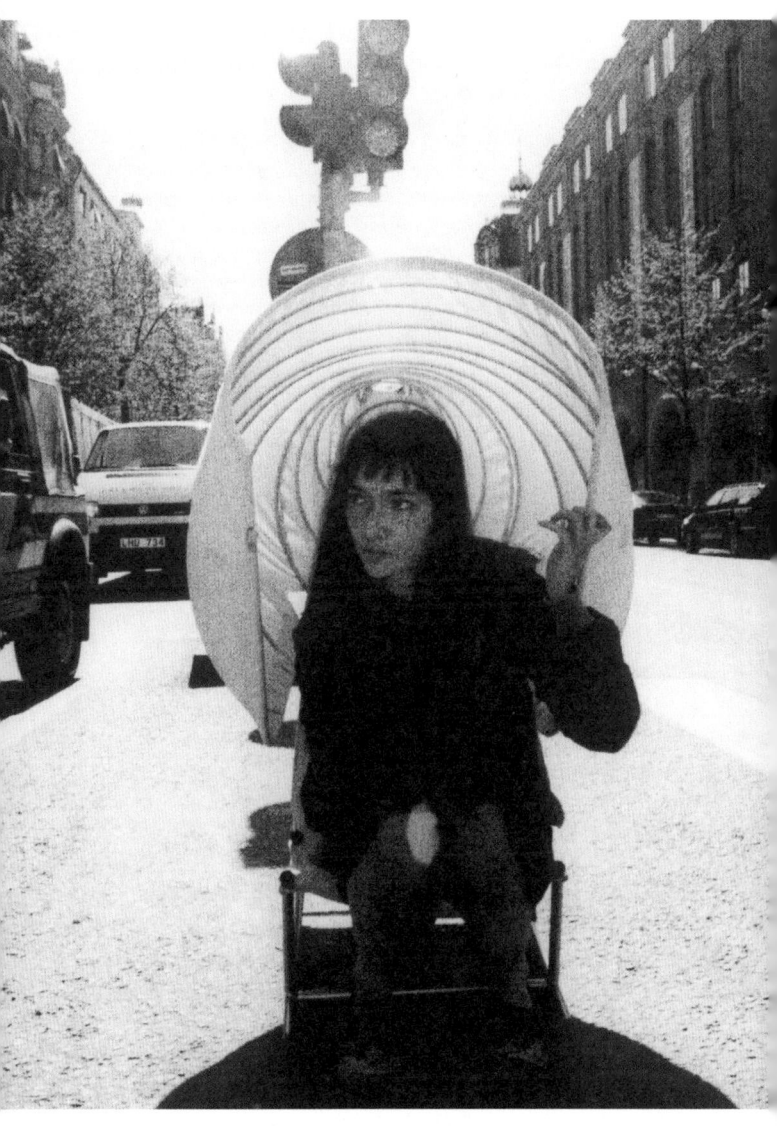

HANDBUCH: (Engl. *manual*) Medium zur Verbreitung von Handlungswissen. Handbücher werden als gedruckte Bücher und auf Webseiten veröffentlicht. Die meisten Autoren hoffen auf Nachahmung der beschriebenen Praktiken. In klimatologischer Hinsicht sind als maßgeblich zu nennen: 1) das *Operating Manual for Spaceship Earth* (ca. 1963, dt. *Bedienungsanleitung für das Raumschiff Erde*) von Richard Buckminster →*Fuller*. Fuller vergleicht die Erde mit einem Raumschiff, das durch den Weltraum fliegt. Dieses Raumschiff hat nur eine begrenzte Menge an Vorräten an Bord, die nicht wieder aufgefüllt werden können. Außerdem muß das Raumschiff instand gehalten werden. Sonst funktioniert es irgendwann nicht mehr. Fuller empfiehlt für seine weitere Pflege die Herstellung von globaler Gerechtigkeit und Synergie (Fuller ca. 1963). 2) In Form eines *manual* äußert sich auch die dänische Kunst-, Design- und Architekturgruppe →*N55*. N55 beschreibt in ihren mittlerweile über dreißig *manuals* zum Beispiel die Herstellung eines »city farming plant module« oder einer Kompostieranlage zur Benutzung in Wohnräumen. In ihrem *Manual for LAND* entwickelt sie einen Lösungsvorschlag für das Problem der →*Landverknappung*. 3) Eine besonders populäre Form des Klimahandbuchs stellt die Webseite des →*Guerilla-Gardening*-Urvaters Richard Reynolds dar. Dort rät er unter anderem: »Wähle Pflanzen für den Kampf an vorderster Front«, »Sag's weiter«, und vor allem: »Gärtnere mit Mädchen!« (Übers. n. Reynolds o. J.)

HAUS-RUCKER-CO: Architekten-Künstler-Gemeinschaft, 1967 in Wien gegründet von den Architekten Laurids Ortner und Günter Zamp Kelp sowie dem Maler Klaus Pinter. Auflösung der Gruppe 1992. Von 1967 bis 1970 schufen Haus-Rucker-Co im Rahmen ihres »Mind-Expanding-Program (MEP)« zahlreiche Kapselräume; Masken und Helme wie die →*Environment Transformer*, zahlreiche Sessel und Sitze, Inflatables wie →*Oase Nr. 7*. Dazu schreiben sie: »Ziel des MEP ist es, den Inner Space, den Raum im Menschen selbst, zu erfor-

schen und zu formen, psy-phy Kräfte zu entdek-
ken und zu entwickeln.« (Bogner 1992, S. 39) Dies
realisiert sich auch in zwischenmenschlichen Projekten, zum Beispiel im »Ballon für Zwei« (1967):
»Wir schaffen Apparate, die Kontakt zwischen
zwei Menschen vermitteln und intensivieren. [...]
Wir wollen Ihre Empfindsamkeit steigern. Sie machen eine Reise. Gemeinsam mit jemandem, den
Sie lieben. In den Inner Space. Wie Astronauten.
Nur geht's nach Innen.« (Bogner, S. 17)

HETEROTOPIE: (Der andere Ort) Nach Michel Foucault Gegensatz der Utopie. In seinem Essay »Von anderen Räumen« zählt Foucault folgende Gegenorte
auf: Freudenhaus, Friedhof, Schiff: »Freudenhäu-
ser und Kolonien sind die beiden Extremformen
der Heterotopie, und wenn man bedenkt, daß
Schiffe letztlich ein Stück schwimmenden Raumes sind, Orte ohne Ort, ganz auf sich selbst an-
gewiesen, in sich geschlossen und zugleich dem
endlosen Meer ausgeliefert, die von Hafen zu Hafen [...], von Freudenhaus zu Freudenhaus bis in
die Kolonien fahren, um das Kostbarste zu holen,
was die Gärten dort zu bieten haben, dann werden Sie verstehen, warum das Schiff für unsere
Zivilisation [...] nicht nur das wichtigste Instrument zur wirtschaftlichen Entwicklung gewesen
ist [...], sondern auch das größte Reservoir für die
Phantasie. Das Schiff ist die Heterotopie *par ex-
cellence*.« (Foucault 2006 [1960], S. 327) »In den
Zivilisationen, die keine Schiffe haben, versiegen
die Träume. An die Stelle des Abenteurers tritt
dort die Bespitzelung und an die Stelle des Frei-
beuters die Polizei.« (Ebd.) Die →*schwimmende
Insel*, die beim Ansteigen des Meeresspiegels
nicht untergehen kann, ist die Heterotopie des
Klimawandels. Weitere Beispiele für heterotopi-
sche Orte sind →*fliegende Städte*, →*Seifenblasen*, →*Kalifornien*.

HIKAWA, KOUJI: (* 1943 Tokio) Mode- und Produktdesigner.
Entwickler der →*Cooling Wear*.

I

IMPFEN: 1) Einbringen abgetöteter Krankheitserreger und abgeschwächter Gifte in den Körper, um das Immunsystem zur Bildung von Antikörpern anzuregen. Dabei kann es auch zu Impfschäden kommen; 2) Einbringen von Silberiodid in Wolken zur künstlichen Regenerzeugung (vgl. →*Project Cirrus*); 3) die Transposition von →*Orgon*-Energie im Rahmen des →*Cloudbusting*-Verfahrens ist ein indirekter Impfvorgang.

INFLATABLE: Aufblasarchitektur, pneumatische Konstruktion, bei der eine Membran durch Luftdruck vorgespannt wird. Bei einschichtigen Membranen ist der Luftdruck im umschlossenen Innenraum höher als im umgebenden Außenraum. Bei mehrschichtigen pneumatischen Konstruktionen besteht innerhalb des Membrankissens ein höherer Luftdruck als im umgebenden Innen- und Außenraum. Wird die Druckdifferenz nicht aufrechterhalten, fällt die pneumatische Konstruktion in sich zusammen. Die Differenz von innen und außen und das Aufrechterhalten von Grenzen und Schleusen ist konstitutives Moment aller Aufblasarchitekturen.

INFLATOCOOKBOOK: Anleitung zum Bau von →*Inflatables*, 1971/73 von →*Ant Farm* veröffentlicht, einer amerikanischen Gruppe von Architekten, Künstlern, Aktivisten. Alle Aufblasarchitekturen basieren laut Ant Farm auf demselben Prinzip: »Sounds complex? Nope, it's E-Z! [...] 1. Nimm eine Plastiktüte aus Muttis Vorratsschrank. Halte die Enden offen und schaufel ein bißchen Luft hinein. Verschließe die Enden mit Klebeband. [...] Schneide einen Schlitz hinein [...] und KRIECH REIN.« Inflatables könnten, so Ant Farm, dazu beitragen, kategoriale Beschränkungen und Vorurteile über Mitmenschen sowie die eigenen Fähigkeiten abzubauen. Resultat: »freakout, mind fuck, cosmic truth« (Ant Corps 1973). Ant Farm stehen in transatlantischer Korrespondenz zum »Mind-Expanding-Program« von →*Haus-Rucker-Co*. Die

Inflatables sind Prototypen einer preiswerten, schnell zu errichtenden und mobilen Kapselarchitektur. Aber bereits das *Inflatocookbook* deutet an, daß Kapselarchitekturen ein dystopisches Potential innewohnt. Bei Hitze und Luftknappheit gibt es kaum ein Entrinnen (→ *Project Stockholm*; → *Cocoon Chair*). Weitere Beispiele für → *Inflatables* sind → *Clean Air Pod*, → *paraSITE*, → *Oase Nr. 7*, → *pneumatischer Dome*, → *La Parole*.

J K

KALIFORNIEN: Staat im Westen der USA; bezeichnet sich als »Green State«, weil Gouverneur Arnold → *Schwarzenegger* seit 2005 mehrere Gesetze zum Klimaschutz erlassen hat. Mit dem »California Global Warming Solutions Act« aus dem Jahr 2006 veranlaßte die Regierung das weltweit erste flächendeckende und umfassende Programm, das mit staatlichen Regulationen und Marktmechanismen eine quantifizierbare und kosteneffektive Reduktion von Treibhausgasen erreicht (California Climate Change Portal o.J.). Dank Arthur Rosenfeld, dem Vorsitzenden der California Energy Commission, müssen seit 2005 alle Flachdächer auf Gewerbegebäuden weiß gestrichen sein, um den → *Albedo*-Effekt zu erhöhen. Namensgeber für den California, die seit 1988 gebaute Wohnmobilversion des VW-Busses. Der California ist der Sehnsuchtsraum des fossilen Automobilzeitalters; die Kombination von deutscher Wertarbeit und dem hippieesken Traum von → *Freiheit*.

KELLER, CHRISTOPH: (* 1967 Freiburg) Künstler, Physiker und Hydrologe, führt seit 2003/2004 Reenactments der → *Cloudbuster*-Experimente (siehe Abbildung S. 120/121) von Wilhelm → *Reich* durch.

KLIMAANLAGE: Wichtigste Erfindung der Architektur des 20. Jahrhunderts. Dazu der Sphärologe Peter →*Sloterdijk*: »Die Trends auf dem klimatechnischen Markt lassen seit längerem erkennen, daß, wer immer es sich leisten kann, daran arbeitet, aus der geteilten schlechten Luft für alle auszusteigen. Die Wohnkulturen der Zukunft werden immer expliziter von der Notwendigkeit ausgehen, lebbare Binnenklimata technisch herzustellen. *Air conditioning* wird sich als das raumpolitische Grundthema des kommenden Zeitalters durchsetzen. [...] In weniger als einer Generation werden die Mitglieder der Zweiten Ökumene an zahlreichen klimatisch kritischen Punkten der Erde begriffen haben, daß das Atmen zu wichtig ist, um es weiter im Freien zu tun. [...] Die explizite Klimapolitik ist das Fundament der neuen Ökumene, so wie explizite Klimatechnik die Basis konkreter Gemeinschaftsbildungen sein wird.« (Sloterdijk 1999, S. 1007)

KLIMABALANCE: 1) Wichtigstes Ziel der globalen Klimapolitik; **2)** neue, komfortable Bettdecke. Dazu findet sich auf www.schlafkampagne.de folgender Hinweis: »Hallo zusammen, die ClimaBalance unterscheidet sich bezüglich des Wärme- und Feuchtigkeitstransportes deutlich von den üblichen Daunendecken. Wir haben in einem Feldversuch 17 Frauen, welche nachts stark schwitzen, diese Decke jeweils 2 bis 5 Nächte testen lassen. Die Beurteilung war von allen sehr gut. Vorher haben die Personen sogar schon unter dünnere(n) Decken (Thinsulate, mit [→] Klimakapseln etc.) geschlafen. Die ClimaBalance gibt es in unterschiedlichen Ausführungen, welche deutliche Unterschiede im Wärmehaushalt aufweisen. Der Funktionsfaser wird leider zu oft eine hohe Feuchtigkeitsableitung zugesprochen. Bei Sportbekleidung mag das wegen der umströmenden kühlen Luft funktionieren. Doch im Schlafzimmer sollte Windstille herrschen. Viele Grüße, Ihr Schlafberater.«

KLIMAKAPSEL: Einschließungsraum, mit dem der Mensch sich von den Klimabedingungen der Außenwelt unabhängig macht. Dazu der Ingenieur Frei Otto, der auch ausgiebig mit → *Seifenblasen* experimentierte: »Der Mensch begann, sich die Erde untertan zu machen, indem er Klimakapseln mit sich herumschleppte wie Zelte, Jurten und überall baute, wo er hinkam. Das ›frühe Haus‹ übernahm im widrigen Klima nicht nur die Funktion des Urhauses, sondern darüber hinaus auch die des unmittelbar angrenzenden Reviers. Der Mensch verlegte mit der Zeit mehr und mehr Funktionen in das Haus hinein, die bestimmt nicht die Schlüsselfunktion des Urhauses waren. Seit 5000 Jahren gibt es nun Handwerker und gibt es planende Architekten, gibt es Architektur und damit das ›Architekturhaus‹ im heutigen Sinne. Das Architekturhaus steht noch viel mehr als das frühe Haus gegen die Natur. Es ist nicht nur defensiver Schutz gegen die Natur, es ist aggressives Werkzeug zu deren Unterjochung. Es ist betont umweltfeindlich. Es markiert nicht mehr nur das Revier des einzelnen. Es ist das Denkmal des Herrschens geworden, indem es durch Beständigkeit sogar die Zeit und die Sterblichkeit betrügen soll.« (Otto 1986, S. 84)

KLIMAKRIEG: 1) Vom Sozialpsychologen Harald Welzer antizipiertes Szenario globaler Dauerkonflikte infolge des Klimawandels. Die daraus resultierende Ressourcenknappheit führt bereits heute zu umfassenden Verteilungskämpfen; diese werden, so Welzer, weiter zunehmen. Dramatisch verschlechterte Lebensbedingungen würden zudem eine Zunahme der weltweiten Migration bewirken. Die klimatisch bevorteilten Staaten versuchen in Welzers Sicht der → *Zukunft* daraufhin, sich gegen die Zuwanderung von außen abzuschotten, notfalls mit Gewalt (vgl. Welzer 2008). **2)** Bewaffneter Konflikt unter Einsatz von → *Wetterwaffen*.

KREISLAUF: Prinzip der Wiederholung. Während in Hinduismus und Buddhismus der ewige Kreislauf (Samsara) durchbrochen werden soll, ist das möglichst lange Aufrechterhalten von Kreisläufen das Ziel gegenwärtiger Nachhaltigkeitsphilosophien (→ *Full Cycle*).

L

LANDVERKNAPPUNG: Aus dem zunehmenden menschlichen Flächenbedarf resultierende globale Problemlage. Als Meßlatte für den Grad der Landverknappung gilt der ökologische Fußabdruck. Er gibt die Größe der Land- und Meeresflächen an, die die Menschheit benötigt, um alle für ihren Lebensstil notwendigen Güter zu erwirtschaften und zu entsorgen. 2005 lag der globale ökologische Fußabdruck bei 1,3 Erden (Ewing 2008, S. 13). 1961, im ersten Jahr der Messungen, betrug er ca. 0,5 Erden (ebd., S. 14). In der Tradition von Thomas Malthus werden unter anderem eine Verminderung des Fleischkonsums, die Nutzung alternativer Nahrungsmittel wie → *Soylent Green* oder auch Aktionen der → *Extreme Green Guerilla* und die in → *Logan's Run* verfolgten Maßnahmen als Lösungsansätze für das Problem der Landverknappung genannt.

LA PAROLE: Körperkapsel für zwei Personen, 1998 von dem argentinischen Künstler und Designer Pablo → *Reinoso* konstruiert (siehe Abbildung S. 124/125). 6,20 Meter lang und zwei Meter hoch, hat die textile Konstruktion die Form einer konvexen Gurke (→ *Alluvial Sponge Comb*). Sie wird in ca. 1,50 Meter Abstand vom Boden aufgehängt und durch kontinuierliche Luftzufuhr über einen Ventilator in Form gehalten. Jeweils zwei Besucher können ihre Köpfe von unten in das Objekt stecken und einen gemeinsamen Atem-, Sicht- und Hörraum teilen.

LILYPAD: 1) Engl. für Seerosenblatt; **2)** vom belgischen Architekten Vincent →*Callebaut* entwickelte Idee für eine →*schwimmende Insel*, die Zufluchtsort für Klimaflüchtlinge sein soll (siehe Abbildung S. 126/127). Dabei geht er davon aus, daß durch die Erderwärmung der Meeresspiegel bis 2100 um einen Meter gestiegen sein wird. Ein Prozent der Fläche Ägyptens, sechs Prozent der Niederlande, 17,5 Prozent von Bangladesch, aber auch große Teile von beliebten Urlaubszielen wie dem südpazifischen Majuro-Atoll oder den Malediven werden dann überschwemmt sein. Rund fünfzig Millionen Menschen, vor allem in Vietnam, Ägypten, Bangladesch, Guyana und den Bahamas, würden durch Sturmfluten ihre Heimat verlieren. Doch auch Städte wie New York, Bombay, Kalkutta, Ho Chi Minh Stadt, Shanghai, Miami,

127

Lagos, Abidjan, Jakarta und Alexandria seien bedroht. Effektiven Hochwasserschutz könnten sich aber nur die reichen Staaten und Städte leisten. Callebaut rechnet deshalb mit rund 250 Millionen Klimaflüchtlingen. Für diese Flüchtlinge sollen schwimmende Inseln wie Lilypad die neue Heimat werden. Lilypad selbst ist nomadisch, folgt den Meeresströmungen zwischen dem Äquator und den Polen. Die schwimmende Insel soll eine »Ökopolis« sein, klimaneutral und autark. Sie soll 50 000 Menschen beherbergen, über eine Lagune zur Regenwassersammlung verfügen, Häfen und drei Berge aufweisen, Flora und Fauna beheimaten. Die doppelte Außenhaut aus Polyesterfasern ist mit Titandioxid beschichtet, das als Katalysator zur Luftreinigung beitragen soll. Das organische Design von Lilypad soll die harmonische Koexistenz von Mensch und Natur ausdrücken. Die Insel ist offen für Flüchtlinge jeder Herkunft und jeden Alters. **3)** Allerdings ähnelt Lilypad eher einem luxuriösen Kreuzfahrtschiff als einem Flüchtlingslager und ist als geopolitische →**Klimakapsel** ein architektonischer Euphemismus.

LIVING POD: Vorfabrizierte, mobile Wohnkapsel von David Greene/→**Archigram** (1966-67). Besteht aus einer »lebenden Hülle« und einer Antriebsmaschine. Besitzt vier hydraulische Beine, um Neigungen von bis zu 40 Grad oder Wassertiefen bis 1,50 Meter zu überwinden (siehe Abbildung S. 130/131). Living Pod ist eine autonome Einheit, verfügt über eine »Klimamaschine« und eine Selbstkocheinrichtung. Inspiriert vom Wettkampf um die erste bemannte Mondlandung und ein utopisches Leben in bislang unerschlossenen Welten, ist Living Pod Grundausstattung für ein nomadisches Leben im »zweiten Maschinenzeitalter«. Living Pod kann als »Vorrichtung zum Herumtragen« eingesetzt werden, als Haus in der Landschaft stehen oder in eine *plug-in urban structure* eingehängt werden und sich so zu einer neuen Form von Stadt clustern. Im Gegensatz zu vielen anderen Kapseln versucht er nicht durch Transparenz der äußeren Hülle eine Einheit mit dem umgebenden Raum zu simulieren (→**R129**), sondern kapselt sich bewußt optisch ab und propagiert den Rückzug in einen uteralen Wohlfühlraum (→ **Klimabalance**; → **Shrink**).

LOGAN'S RUN: (Dt. Titel: *Flucht ins 23. Jahrhundert*) US-amerikanischer Spielfilm von Michael Anderson aus dem Jahr 1976. Wurde mit dem Slogan »The perfect world of total pleasure« beworben und größtenteils in Shopping Malls in Texas gedreht. Die Bewohner dieser dystopischen Welt leben in geodätischen Kuppeln (Richard Buckminster → **Fuller**), sind jung und sehen gut aus. Es gibt Freizeiteinrichtungen und Parkanlagen, Drogen und sexuelle Freizügigkeit. Allerdings führt kein Weg aus der Kapselwelt heraus, und die Bewohner müssen sich im Alter von dreißig Jahren dem tödlichen Ritual der »Erneuerung« unterziehen (→ **Extreme Green Guerilla**). Die Polizisten der Stadt – Sandmänner – achten penibel darauf, daß niemand aus der Kuppelstadt flieht. Der Film wurde nicht nur mit einem Oscar für Visual Effects ausgezeichnet, sondern auch bei den Moskauer Filmfestspielen 1977 für den Goldenen Preis nominiert. Kein Wunder, schließlich erzählt der Film von einer hermetisch abgeschlossenen Gesellschaft, in der alle gleich gekleidet sind und Flucht mit dem Tod bestraft wird.

LUFTBÄUME: Herzstück des »Ecoboulevard«, eines suburbanen Aktivierungsprojekts der Öko-Architekten → **Ecosistema Urbano**, realisiert 2007 im Madrider Vorort Vallecas. Die Luftbäume (*air trees*) sind mehrere Stockwerke hohe kreisrunde Pavillons, in deren offenen Etagen eine dichte Ansammlung von Bäumen gepflanzt wurde (→ **Gardens by the Bay**). Diese Luftbäume sollen den urbanen Raum sowohl klimatisch als auch sozial aktivieren: Das Blattgrün sorgt photosynthetisch für frische Luft und erzeugt somit eine Umweltkapsel innerhalb der Vorstadtsiedlung – gleichzeitig beschatten die Luftbäume auch ihren Innenraum: Im Sommer ist es dort acht bis zehn Grad kühler als auf den umgebenden Freiflächen. Die kühle, sauerstoffreiche Luft vertreibt die Müdigkeit, die Menschen werden aktiv, der Vorort wird belebt.

Sobald die klimatisch-soziale Problemlage geklärt ist, werden die Luftbäume deinstalliert, um dann an anderer Stelle ihr gutes Werk zu verrichten.

M

MAD MAX: Australische Spielfilmtrilogie von George Miller (1979-1985), mit Mel Gibson als postapokalyptischem Polizisten Max in der Hauptrolle. Nach einem zukünftigen Weltkrieg herrschen Chaos und Gesetzlosigkeit. »Der Starke gewinnt« ist das Überlebensmotto. Die Starken sind diejenigen, die über motorisierte Fahrzeuge verfügen und diese im Kampf um die letzten verbliebenen Brennstoffe gnadenlos einsetzen. In *Mad Max – Jenseits der Donnerkuppel* (1985), dem letzten Teil, wird Max das Auto gestohlen. Das kann der Expolizist nicht auf sich beruhen lassen und macht den Dieb in der Stadt Bartertown ausfindig. Nach den Erlebnissen des dritten Weltkrieges werden Konflikte nun wieder »Mann gegen Mann« ausgetragen, und zwar in der Donnerkuppel: »Zwei gehen rein, einer geht raus. So will es das Gesetz der Donnerkuppel.« Die Donnerkuppel ist ein gigantisches kuppelförmiges Konstrukt aus Stahl. Die Kuppel ist gleichzeitig Käfig, Arena und Zuschauertribüne. Die kämpfenden Parteien schicken jeweils einen Vertreter, der dann, an einem Bungee-Seil hängend, zum Kampf mit Pflugscharen, Motorsägen und Trillerpfeifen antritt. Statt den Autodieb herauszufordern, wird Max von der Bürgermeisterin (Tina Turner) bezirzt, in der Donnerkuppel gegen den Blaster zu kämpfen. Blaster ist eine Hälfte des Gespanns Master-Blaster. Während Blaster als muskelbepackter Hüne mit Down-Syndrom eher für das Grobe zuständig ist, ist der kleinwüchsige Master der Kopf der beiden. Master-Blaster betreiben die zentrale Energiequelle der Stadt: In ihrer Schweinefarm wird →*Methan* produziert. Um ihre Macht zu demonstrieren, veranlassen Master-Blaster wiederholt Energieembargos. Am Ende des Films wird Blaster von der Bürgermeisterin erschossen, und Mad Max wird in die Wüste verbannt. Von dort führt er Kinder nach Sydney ins Überübermorgenland.

MALSTAF, LAWRENCE: (* 1972 Brügge/Belgien) Industriedesigner, Künstler, Performer. Seine Arbeit → *Shrink* ist ein vakuumisierter → *Schutzanzug*, in den sich eine Person einschweißen lassen kann.

MASDAR: (Arab. Quelle) Idealstadt für 50 000 Einwohner, die seit 2007 im arabischen Emirat Abu Dhabi entsteht, entworfen vom britischen Architekturbüro → *Foster* + Partners. Vorläufer der Kapselstadt. Mitten in der Wüste gelegen, soll Masdar CO_2-neutral sein, keinerlei Abfälle produzieren und sich energetisch komplett selbst versorgen (→ *Full Cycle*). Masdar ist baulich nicht von der Außenwelt abgeriegelt, steht aber in der Tradition der ummauerten und verdichteten Stadt. Dies ermöglicht kurze Wege, Automobile gibt es in Masdar nicht. Alle flächenintensiven Nutzungen, wie Photovoltaik- und Windkraftwerke, Plantagen und Entsalzungsanlagen zur Trinkwasseraufbereitung, werden ins Umland verlagert. Innerhalb dieser insgesamt sechs Millionen Quadratmeter großen Siedlungsfläche sind jedoch alle Kreisläufe geschlossen. Die Fertigstellung der Stadt ist für 2018 geplant. Masdar soll dann als Wissenschaftsstandort die wirtschaftliche Zukunft der momentan von Ölförderung lebenden Region sichern: Die Anlage soll Universitäten und Forschungseinrichtungen beherbergen, in denen über Nachhaltigkeit geforscht wird. Ein Export des Masdar-Prinzips wird angestrebt, weitere Kapselstädte sind möglich: »Unsere Hoffnungen sind groß, und unsere Ambitionen sind global«, so Sultan Ahmed Al Jaber (übers. n. Masdar City o. J.).

MATTA-CLARK, GORDON: (* 1943 New York City, † 1978 Nyack/New York) US-amerikanischer Künstler; in seiner Werkreihe »Cuttings« schnitt er Gebäude mit einer Motorsäge auf, in anderen Arbeiten sprengte er Kreisausschnitte in Fassaden; der Klimakapsel steht er ablehnend gegenüber. Sein → *Fresh Air Cart* von 1972 ist eine der ersten mobilen Naturkapseln.

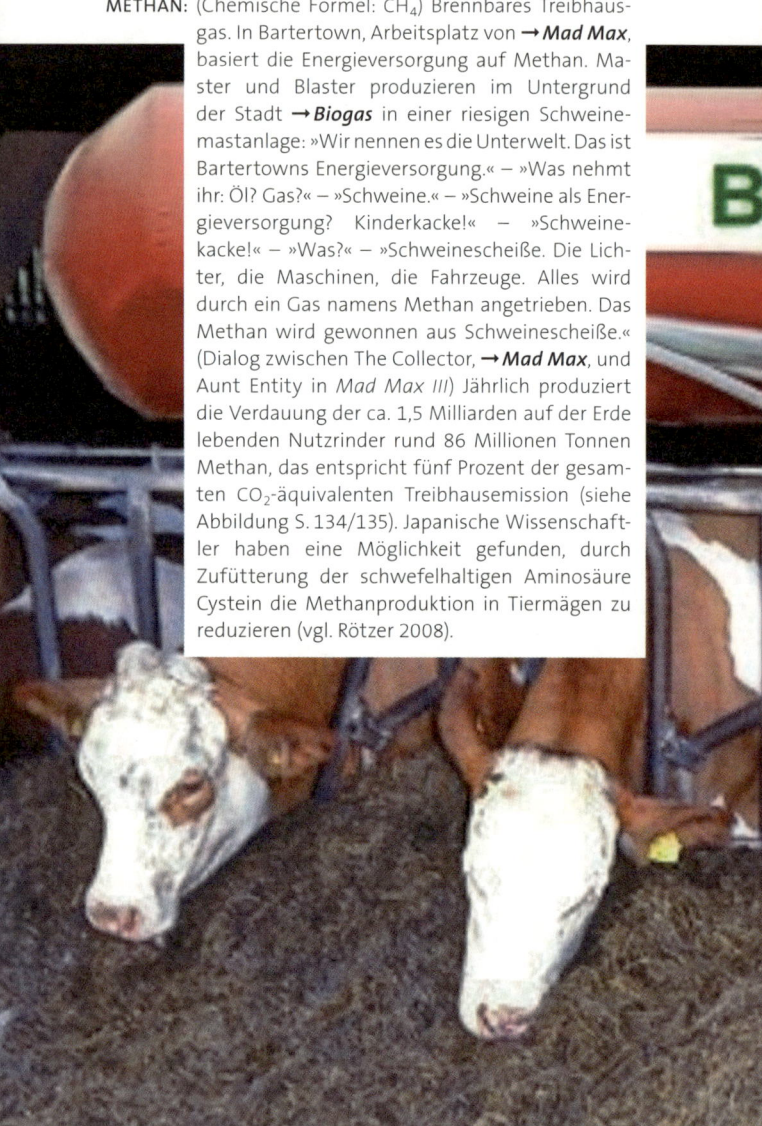

METHAN: (Chemische Formel: CH$_4$) Brennbares Treibhausgas. In Bartertown, Arbeitsplatz von →*Mad Max*, basiert die Energieversorgung auf Methan. Master und Blaster produzieren im Untergrund der Stadt →*Biogas* in einer riesigen Schweinemastanlage: »Wir nennen es die Unterwelt. Das ist Bartertowns Energieversorgung.« – »Was nehmt ihr: Öl? Gas?« – »Schweine.« – »Schweine als Energieversorgung? Kinderkacke!« – »Schweinekacke!« – »Was?« – »Schweinescheiße. Die Lichter, die Maschinen, die Fahrzeuge. Alles wird durch ein Gas namens Methan angetrieben. Das Methan wird gewonnen aus Schweinescheiße.« (Dialog zwischen The Collector, →*Mad Max*, und Aunt Entity in *Mad Max III*) Jährlich produziert die Verdauung der ca. 1,5 Milliarden auf der Erde lebenden Nutzrinder rund 86 Millionen Tonnen Methan, das entspricht fünf Prozent der gesamten CO$_2$-äquivalenten Treibhausemission (siehe Abbildung S. 134/135). Japanische Wissenschaftler haben eine Möglichkeit gefunden, durch Zufütterung der schwefelhaltigen Aminosäure Cystein die Methanproduktion in Tiermägen zu reduzieren (vgl. Rötzer 2008).

METZGER, GUSTAV: (* 1926 Nürnberg) Deutscher Künstler; der Sohn orthodoxer Juden flüchtete 1939 nach England und entkam so dem Holocaust. Als Vertreter der Aktionskunst thematisiert er in seinem Werk das Destruktionspotential des 20. Jahrhunderts. Er verfaßte Manifeste gegen Umweltverschmutzung, nukleare Aufrüstung, Krieg und Kapitalismus. In den siebziger Jahren zog er sich vom Kunstmarkt zurück, weil er nicht an dessen fortschreitender Kommerzialisierung teilnehmen wollte. Das 1972 entstandene →*Project Stockholm* spiegelt als autodestruktive Kunst die gesellschaftliche Tendenz zur Selbstzerstörung.

MITIGATION: (Verminderung) Sammelbegriff für Maßnahmen, die die Emission klimaschädlicher Gase reduzieren sollen; Gegenkonzept zur →*Adaptation*.

MUSEUM DER NATUR: (Engl. Museum of Nature) Imaginäres Museum von Ilkka → *Halso*. Beschützt die Natur vor Umweltverschmutzung und vor Menschen (siehe Abbildung S. 136/137). Ganze Ökosysteme werden in ihrem Status quo bewahrt, überdacht und umzäunt, ausgeleuchtet und von Zuschauerrängen umgeben. Wichtiger Bestandteil jeder gut funktionierenden Kapselstadt.

N

N55: 1996 gegründete Kunst-, Design- und Architekturgruppe aus Kopenhagen. N55 arbeitet nicht kommerziell und widmet sich gesellschaftlichen Fragestellungen. Einige Projekte stehen in der ästhetischen und konstruktiven Tradition von Richard Buckminster → *Fuller*. Mit dem → *Walking House* hat N55 eine subversive, sich selbst fortbewegende Kapsel entwickelt. Zu allen Projekten erstellt N55 ein → *Handbuch*, um den Nachbau zu ermöglichen (N55 o. J.).

NITTA, MICHIKO: (* unbekannt/Japan) Initiatorin der → *Extreme Green Guerilla*, Designerin, Aktivistin und Konzeptkünstlerin, Vertreterin konsumkritischer Strategien.

O

OASE NR. 7: Durchsichtige Kugel von acht Metern Durchmesser, entworfen von der österreichischen Architekten- und Künstlergruppe → *Haus-Rucker-Co*, erstmals realisiert auf der Documenta 5 (Kassel 1972). Die Kugel hängt an einem Gebäude, durch dessen Fenster sie über eine Druckschleuse betreten werden kann. Im Inneren befindet sich eine Aussichtsplattform mit zwei künstlichen Palmen und einer Hängematte (siehe Abbildung S. 138/139). Oase Nr. 7 ist ein symbolischer Notausgang, Schleuse in eine vermeintliche → *Freiheit*: »Ein synthetisches Reservat, das die Flucht aus der Normalität scheinbar möglich macht.« (Zamp Kelp o. J.)

OFFSHORE FARMING: (Auch: *landgrabbing*) Bezeichnung für Pacht oder Ankauf von Ackerflächen in Drittweltländern durch wohlhabendere Staaten, global agierende Firmen und internationale Investmentfonds. In den letzten drei Jahren wurden zwischen 15 und dreißig Millionen Hektar Ackerland in ärmeren Ländern gekauft oder langfristig gepachtet. So erwarben China und Saudi-Arabien fruchtbares Ackerland in Pakistan, Äthiopien, Angola, Indonesien und dem Sudan. Die Agrarflächen sollen die Nahrungsmittelproduktion für die wachsende Bevölkerung im jeweils eigenen Land sichern oder der Produktion nachwachsender Rohstoffe dienen. Die lokale Bevölkerung muß sich aus anderen Quellen versorgen. Folgerichtig fragt David Hillam, der stellvertretende Direktor der Food and Agricultural Organisation, in der *Times of India*: »Stellen Sie sich vor, leere LKWs fahren in ein Land wie Äthiopien zu einer Zeit hinein, in der durch Dürreperioden oder bewaffnete Konflikte Nahrungsmittelknappheit existiert, und fahren, beladen mit Getreide, wieder hinaus, um eine Bevölkerung in Übersee zu ernähren – können Sie sich die politischen Konsequenzen ausmalen?« (Zit. n. Bagchi 2009)

ORGON: In den dreißiger Jahren von dem österreichischen Psychoanalytiker Wilhelm →*Reich* geprägter Begriff. 1) Orgon ist eine Form der →*Energie*, die nach Reich überall existiert und alle belebte wie auch unbelebte Materie durchdringt. Wahrnehmbar wird die Orgon-Energie in Temperaturunterschieden, elektroskopischen Messungen und durch den Einsatz eines Geiger-Zählers; bisweilen ist sie auch mit dem bloßen Auge sichtbar. Erhöhte Orgon-Akkumulationen machen sich beim Menschen in einer gesteigerten allgemeinen Lebensenergie bemerkbar (Reich 1954b, S. 134); 2) Orgonon: Name für das Anwesen Reichs in Rangeley/Maine. Hier ereignete sich ein Vorfall, der für Reichs weitere Forschung zentral sein sollte: Zwischen 1952 und 1954 hatten sich »widerliche« Konzentrationen von tödlicher Orgon-Energie, kurz DOR (für engl.: *deadly orgone energy*), über dem Anwesen angesammelt. Der

Versuch, die DOR-Wolken zu entfernen, mündete in die Entwicklung der → **Cloudbuster**-Technologie (vgl. Reich 1954a, S. 28, 32ff.).

ORTA, LUCY: (* 1966 Sutton Coldfield/England) Künstlerin und Modedesignerin. Die 1992-1994 entstandene Serie → **Refuge Wear** setzt sich mit sozialer Ausgrenzung, Mobilität und Wohnen auseinander. Orta bezeichnet ihre Arbeiten als »architecture with soul« und sucht nach einem sozial, politisch und ökologisch nachhaltigen Design.

P

PAPELES: Ein- und Ausreisepapiere in die Kapselwelt, dokumentiert in → **Code 46**.

PARASIT: **1)** Lebewesen, das seine Nahrung aus einem anderen Organismus bezieht. Ein Parasit lebt auf der Oberfläche dieses Wirts oder im Wirtskörper. Der Wirt wird durch den Parasiten geschädigt, daher versucht der Wirt für gewöhnlich, die Entwicklung und Vermehrung des Parasiten zu behindern; **2)** »paraSITE«, Projekt des Künstlers Michael → **Rakowitz**. Seit 1998 entwirft und fertigt er aufblasbare Zelte (→ **Ant Farm**), die an die Abluftschächte von Gebäuden angeschlossen werden können (siehe Abbildung S. 142/143). So werden die Zelte aufgeblasen und beheizt. Bislang wurden die paraSITEs, handlich verpackt und mit einem Tragegriff versehen, an mehr als dreißig obdachlose Personen verteilt. Rakowitz reagierte mit seinem Projekt auf eine Maßnahme der Stadt Cambridge/Massachusetts, die 1997 innerstädtische Abluftschächte »homeless-proof« umgestaltete: Die Gitterroste wurden schräg gestellt, damit Obdachlose nicht mehr darauf schlafen konnten (vgl. Rakowitz o.J.).

PINATUBO: Vulkan auf den Philippinen; bei seinem Ausbruch 1991 wurden zwanzig Millionen Tonnen Schwefeldioxid (SO_2) in die Stratosphäre katapultiert; die Erde kühlte sich für ein Jahr um fast ein

Grad Celsius ab. Der Vorfall am Pinatubo ist deshalb Vorbild für verschiedene →*Geo-Engineering*-Projekte.

PINEUS, JENNIE: (* 1972 Göteborg/Schweden) Schwedische Designerin, entwickelte 2000 den →*Cocoon Chair*.

PLASTIKI: Etwa zwanzig Meter langes, katamaranartiges Floß. 12 500 recycelte Zwei-Liter-Mineralwasserflaschen sollen das Segelschiff in drei verschiedenen Expeditionsabschnitten über den Pazifik tragen. Initiiert und entwickelt vom Naturwissenschaftler David Mayer de Rothschild, soll es im Jahr 2010 ablegen und medienwirksam auf Meeresverschmutzung und Klimawandel aufmerksam machen (vgl. Goodin 2009).

PNEUMATISCHER DOME: →*Inflatable* des Künstlers Tue →*Greenfort* aus dem Jahr 2001. Die Inspiration für diese geodätische Sphäre fand Greenfort vor allem in den Arbeiten von Richard Buckminster →*Fuller*, aber auch bei Frei Otto (→*Klimakapsel*) und →*Archigram*. Von einer Kunststoffmembran umgeben, schließt diese Zelle Menschen ein, läßt die Zu- und Abluft jedoch frei durch ihre Hülle diffundieren.

PROJECT CIRRUS: Meteorologisches Forschungsprojekt von General Electric und dem Signal Corps der US Army (1947-1952). Der Name leitet sich ab von der lateinischen Bezeichnung *cirrus* für reine Eiswolken in großer Höhe (dt. ugs. Federwolken). Vereinbartes Ziel von Project Cirrus war die Erforschung von →*Wolken*-Partikeln und Wolken-Modifikationen (vgl. General Electric Research Laboratory/Havens 1952, Titelseite). Aus Flugzeugen heraus wurden gefrorenes Kohlendioxid (ugs. Trockeneis) sowie mit Silberiodid imprägnierte glühende Kohlepartikel in Stratuswolken eingebracht. Diese →*Impfung* sollte die wolkenbildenden Wassertropfen gefrieren lassen und die Wolke so zum Abregnen bringen (vgl. Keating 1947; →*Cloudbuster*). Tatsächlich konnten nach Testflügen vermehrter Niederschlag sowie, in

Abhängigkeit vom Wolkentypus, auch Lochbildungen in Wolken beobachtet werden. Auch änderte sich der Verlauf eines Hurrikans, den das Projektteam mit Trockeneis geimpft hatte. Inwiefern hier jedoch eine kausale Verknüpfung oder bloße Korrelation vorliegt, ist nach wie vor ungeklärt (vgl. Cotton/Pielke 1995, S. 8). Als zukünftige Anwendungsmöglichkeiten des *cloud-seeding* nennt der Projektreport den Aufbau von Schneedecken in Gebirgsregionen, das Aufhalten und Abmildern von Regenstürmen, das Verhindern von Hagel sowie das Aufbrechen von Wolkenformationen, um Flugoperationen zu ermöglichen (vgl. General Electric Research Laboratory/Havens 1952, S. 73). Einem als vertraulich gekennzeichneten Dokument der US Army ist jedoch zu entnehmen, daß das ultimative Ziel des Projekts darin bestand, zu

erforschen, inwieweit die Modifikation verschiedener atmosphärischer Bedingungen einen taktischen Vorteil für die Streitkräfte bedeuten könnte (vgl. Keating 1947). Trotz anhaltender Kritik und Versuchen, das *cloud-seeding* legislativ zu beschränken, war Project Cirrus der Ausgangspunkt vielfältiger Wettermanipulationen. So führte die US-Regierung etwa von 1962 bis 1983 das Project Stormfury durch, das zum Ziel hatte, tropische Zyklone durch Impfungen mit Silberiodid abzuschwächen. Inwieweit bei diesem und anderen Wolkenmanipulationsprojekten auch militärische Ziele eine Rolle spielten, bleibt Spekulation (siehe Abbildung S. 144/145). In einer UN-Konvention von 1976 verpflichteten sich die unterzeichnenden Staaten, darunter auch die USA, allerdings dazu, auf den Einsatz von →*Wetterwaffen* zu militärischen Zwecken zu verzichten (vgl. →*Klimakrieg*). Zivile Wolkenimpfungen hingegen werden weiterhin vorgenommen, zum Beispiel zum Schutz des guten Wetters während der Olympischen Spiele in Peking 2008 (→*Geo-Engineering*).

PROJECT STOCKHOLM: Installation des Künstlers Gustav →*Metzger*. Autos werden um eine quaderförmige, luftdichte Hülle herum aufgestellt, in die die Abgase hineingeleitet werden (siehe Abbildung S.146/147). Die Konstruktion soll, so das Konzept, unter dem Druck der Abgase explodieren. Project Stockholm wurde in verschiedenen Maßstäben realisiert, zuletzt 2007 bei der Biennale im arabischen Sharjah mit 120 Autos, zuvor 2006 im schwedischen Lund mit vier Fahrzeugen. Zu einer Explosion kam es bislang bei keiner der realisierten Versionen.

R129: Ellipsoider Prototyp für mobiles Wohnen von Werner →*Sobek*. R129 ist ein Konzept für ein Wohnen der Zukunft, das ortsunabhängig, sich selbst versorgend, transparent und offen ist – und doch von der Umwelt komplett abgeschottet. R129 wird seit 2001 von Werner Sobek entwickelt und soll bis 2012 fertiggestellt sein (siehe Abbildung S. 148/149). Über das Projekt, das man nicht nur aufgrund seiner Form als Fortschreibung von Matti →*Suuronens* →*Futuro*-Haus verstehen kann, schreibt Werner Sobek: »Die Hülle besteht aus Kunststoff, der äußerst leicht und transparent ist; das Traggerüst wird von Karbonhohlträgern gebildet. Durch eine aufgebrachte schaltbare elektrochrome Folie kann die Hülle darüber hinaus abschnittsweise oder in toto abgedunkelt oder voll-

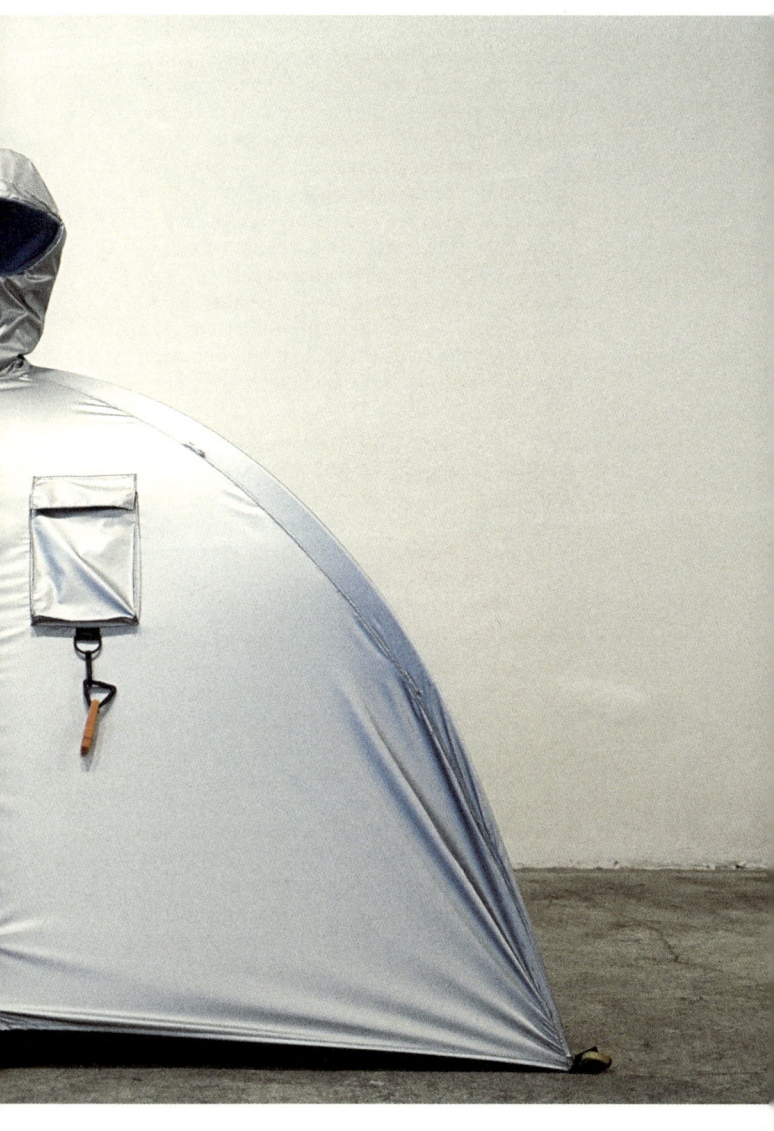

kommen undurchsichtig geschaltet werden. Die aus einem Karbonkorpus bestehende Bodenplatte trägt einen Heizboden sowie einen Technikboden, der Speichermöglichkeiten und Anschlüsse für Strom, Wasser, Druckluft und Kommunikations- leitungen bietet. Der Innenbereich kennt keine festen, unverrückbaren Abtrennungen zwischen verschiedenen Funktionsbereichen. In einer ver- schiebbaren, ortsunabhängigen Zentraleinheit befinden sich Sanitär- und Kücheninstallationen.« (Sobek o. J.) R129 ermöglicht ein neues Lebensge- fühl, so Sobek: »Sie sitzen in der Mitte ihres Hau- ses wie ein Yogi und schauen aus der [→] Seifen- blase hinaus.« (Sobek 2008) Im Winter, wenn es kalt wird, friert R129 von außen ein, »und dann leben sie in einer Eiskristallwelt«. (Ebd.)

RAKOWITZ, MICHAEL: (* 1973 Great Neck/New York) arbei- tet im Übergangsbereich von Kunst, Architektur und Design. Als ideologischer Nachfolger von →*Ant Farm* entwickelte er unter anderem das →*Inflatable* →*paraSITE*, das Obdachlosen als temporäre Unterkunft dienen soll.

REFUGE WEAR: Serie tragbarer Architekturen der Künstlerin Lucy →*Orta*. Das zu dieser Serie gehörende »Ha- bitent« (1992-1993) basiert in seiner Grundform auf einem handelsüblichen Iglu-Campingzelt. Über einem quadratischen Grundriß spannen sich zwei biegbare Aluminiumstangen über Kreuz zum Gerippe einer Kuppel aus aluminium- beschichtetem Polyamidgewebe. Mit einer Sei- tenlänge von 125 Zentimetern ist das Habitent jedoch kleiner als ein Campingzelt, zudem ist an seinem Scheitelpunkt eine Kapuze angebracht (siehe Abbildung S. 150/151). Dieses Zelt ist nicht dazu gedacht, sich darin auszustrecken: Es wird wie ein Kleidungsstück am Körper getragen. Der Nutzer kann sein Habitat nicht nur an jeden be- liebigen Ort mitnehmen, sondern muß es über- haupt nicht mehr verlassen, auch nicht während des Transports. Sind die Teleskopstangen ent- nommen, hängt das Habitent schlaff am Körper herunter. Refuge Wear wird damit zu einer dauerhaften Materialisierung des persönlichen Raums des Individuums. Dies bedeutet einerseits Schutz, vor widrigen klimatischen Bedingungen ebenso wie vor einer ggf. feindlich gesinnten menschlichen Umwelt; andererseits sorgt die nur bedingt durchlässige Umhüllung auch für Isolation. Mit Pfeife, Laterne und Kompaß ausgestattet, ist das Habitent ein Survival-Kit für den urbanen Einzelkämpfer.

REICH, WILHELM: (* 1897 Dobzau/Österreich-Ungarn, † 1957 Lewisburg/Pennsylvania) Psychologe, Sexualtheoretiker, →**Orgon**-Forscher; Marxist und Schüler von Sigmund Freud. In den dreißiger Jahren entdeckte er eine ubiquitäre, primordiale kosmische →**Energie**, das Orgon, welches, so Reich, jegliche belebte und unbelebte Materie durchdringt. Infolge dieser Entdeckung weitete Reich seine Forschung aus – Gegenstand waren nun nicht mehr allein die menschliche Psyche, sondern auch andere, vor allem biologische und physikalische Prozesse, so etwa auch das Wetter. Zentral für seine meteorologische Praxis war die Entwicklung des →**Cloudbuster**, einer Apparatur zur Erzeugung und Beseitigung von Regenwolken. Während seine psychologischen Theorien die sexuelle Revolution der sechziger Jahre prägten, gelten seine Forschungsergebnisse zu Wetterfragen nicht als Teil des Wissenskanons. In seinen letzten Lebensjahren wurde er wiederholt Ziel von Angriffen der Food and Drug Administration (FDA), die den therapeutischen Nutzen seiner Orgon-Akkumulatoren anzweifelte. 1954 konnte die Behörde schließlich ein Verbot der Verbreitung und Bewerbung der Akkumulatoren erwirken. Als Reich 1956 die damit verbundenen Auflagen verletzte, wurde er zu einer zweijährigen Haftstrafe verurteilt. Noch im selben Jahr wurden die Akkumulatoren unter Aufsicht der FDA zerstört, Reichs Schriften – sechs Tonnen Bücher, Zeitschriften, Aufsätze – verbrannt. Am 3. November 1956 wurde Reich in seiner Zelle tot aufgefunden, er starb an plötzlichem Herzstillstand.

REINOSO, PABLO: (* 1955 Buenos Aires) Argentinischer Designer und Künstler. Im Rahmen der Serie »Breathing Sculptures« (1995-2004) schuf er mehrere Körperkapseln, darunter →*La Parole*.

ROT: Farbe der Liebe und des Blutes; mit 3000 Litern roter Lebensmittelfarbe färbte der dänisch-chilenische Künstler Marco Evaristti 2004 die Spitze eines grönländischen Eisbergs ein (siehe Abbildung S. 154/155).

S

SARACENO, TOMÁS: (*1973 Tucuman/Argentinien) Künstler und Architekt; nach seinem Architekturstudium in Argentinien studierte er bei Peter Cook (→*Archigram*) an der Frankfurter Städelschule. Inspiriert von →*Seifenblasen* und Spinnennetzen, entwirft Saraceno schwebende Kapseln und fliegende Städte (siehe Abbildung S. 158/159). Seine Werke versteht der Künstler nicht als Utopien, sondern als realisierbare Zukunftskonzepte. Sein derzeitiges Forschungsinteresse gilt den natürlichen Konstruktionsprinzipien von Spinnennetzen.

SCHUTZANZUG: 1) In Australien wird die Bevölkerung seit 1981 unter dem Slogan »Slip-Slop-Slap« dazu aufgerufen, sich mittels geeigneter Bekleidung vor den schädlichen Folgen der UV-Strahlung, vornehmlich Hautkrebs, zu schützen. Die Kurzform steht für den Ratschlag, ein T-Shirt anzuziehen (*to slip on*), eine Sonnenbrille aufzusetzen (*to slop on*) und einen Sonnenhut zu tragen (*to slap on*). Die singende Comic-Figur *Sid the Seagull* machte aus der drögen Verhaltensvorschrift noch im selben Jahr einen Sommerhit: »Slip, Slop, Slap!/It sounds like a breeze when you say it like that/Slip, Slop, Slap!/In the sun we always say ›Slip Slop Slap!‹/Slip, Slop, Slap!/Slip on a shirt, slop on sunscreen and slap on a hat,/Slip, Slop, Slap!/You can stop skin cancer – say: ›Slip, Slop, Slap!‹« (Cancer Council Australia o. J.) **2)** Schutz vor unwirtlichen Wetterbedingungen sollen auch die →*Refuge Wear* von Lucy →*Orta* und die →*Cooling Wear* von

Kouji →*Hikawa* bieten; die Installation →*Shrink* von Lawrence →*Malstaf* soll Geborgenheit vermitteln; weiterhin kommen Schutzanzüge auf dem →*Wüstenplaneten* Dune zum Einsatz.

SCHWARZENEGGER, ARNOLD ALOIS: (* 1947 Thal/Österreich; auch »Arnie«, »Austrian Oak«, »Conan the Republican«, »The Governator«, und »Conan the Governor« genannt) 1,88 Meter großer österreichisch-amerikanischer Schauspieler und Politiker; seine Karriere begann er als Bodybuilder, später war er Held zahlreicher Weltuntergangsfilme, darunter die →*Terminator*-Serie und →*Total Recall*. Er ist derzeit Gouverneur des »Green State« →*Kalifornien*. Privat fährt er unter anderem eine pflanzenölbetriebene Version des spritfressenden SUV Hummer (vgl. Rothfeld 2009), als Politiker bekämpft er den Klimawandel, setzt sich für Brennstoffzellen, Solarenergie und Wasserstoffautos ein (siehe Abbildung S. 174/175).

SCHWIMMENDE INSEL: Tritt in den unterschiedlichsten Figurationen in Erscheinung. Allen schwimmenden Inseln gemeinsam ist eine zwitterhafte Existenz zwischen greifbarer Realität und imaginierter Gegenwelt. Obgleich materiell realisiert, entziehen sie sich in ihrem ungerichteten Gleiten auf den Weltmeeren dem Zugriff der Kartographie, mithin sämtlichen Instrumentarien einer rationalistischen Weltbeschau. Schwimmende Inseln sind »Orte, die außerhalb aller Orte liegen« (Foucault 2006, S. 320; →*Heterotopie*), real und utopisch zugleich. Gemäß ihrem utopischen Charakter ist das Auftreten schwimmender Inseln häufig mit einem Heilsversprechen verknüpft. So auch im Kontext des Klimawandels. Der belgische Architekt Vincent →*Callebaut* hat mit der Ökopolis →*Lilypad* eine schwimmende Insel entworfen, die den Klimaflüchtlingen der →*Zukunft* Zuflucht bieten soll. Einen ähnlichen Ansatz verfolgt die Organisation Terreform (→*Terraforming*). Ihr Projekt »Future North« sieht vor, bestehende

Städte in klimatisch vorteilhaftere Zonen zu verschieben. Die Städte werden dazu aus der sie umgebenden Landmasse herausgelöst und als schwimmende Inseln zum dann aufgewärmten Nordpol geschleppt. Erste Studien für die Agglomerationen Hong Kong, New York, Miami, Tokio und San Francisco liegen vor (vgl. Terreform o. J.). Nicht alle schwimmenden Inseln sind positive Welten. In Neil Stephensons Roman *Snow Crash* ist die schwimmende Insel ein dystopischer Ort. Die USS →*Enterprise* bildet das Zentrum eines großen Floßes, das durch die Weltmeere treibt und Flüchtlinge aus Asien nach →*Kalifornien* bringt. Auf dieser schwimmenden Insel herrschen Gewalt, Ausbeutung und Tod. Im Königreich Lummerland löst die schwimmende Insel Neu-Lu das durch Klimaflüchtlinge ausgelöste Problem der Überbevölkerung. »Lummerland ist«, so der König, »ein kleines Land [...]. Für einen König, eine Lokomotive, einen Lokomotivführer und zwei Untertanen reicht es gerade. Aber wenn nun noch ein Untertan dazukommt ...« (Ende 2004, S. 20) Doch ein geheimer Informant verrät den Lummerländern die Position einer schwimmenden Insel. Direkt neben Lummerland vertäut, vergrößert Neu-Lu die Fläche des Königreichs auf fast das Doppelte. »Das ist die Lösung des Problems! [...] Wer hätte aber auch an so etwas gedacht! Nun brauche ich mir keine Sorgen mehr zu machen! Zum ersten Mal seit langer Zeit werde ich wieder in Frieden schlafen können.« (Ende 2004 [1960], S. 243)

SEED BOMBS: (Auch: Grüne Granaten) Zentrales Kampfmittel des →*Guerilla Gardening*. Mit Samen versetzte Erde wird in eine explosive, wahlweise auch sich selbst zersetzende Kapsel gefüllt. So kann an schwer zugänglichen oder gesicherten Orten gesät werden. Geeignet für spontane florale Attacken. Beliebte Varianten sind der »Classic Clay Seedball«, die »NYC Green Guerilla Grenade« oder die »Kabloom Seed Bomb«, deren Hülle aus Eierkartons gebaut wird (vgl. Reynolds o. J.).

SEIFENBLASE: Kinderspiel, Hilfskonstruktion, poetisches Zitat an die Vergänglichkeit, Leistungsnachweis des Bubble-Monsters. Der Architekt Otto nutzte Seifenblasen für die Entwicklung seiner Tragwerkskonstruktionen, unter anderem für die Entwicklung der Dachlandschaft des Olympiastadions in München (→ *Klimakapsel*). Berühmtester Seifenblasen-Produzent der Gegenwart ist der Schweizer Richard Hirzl (siehe Abbildung S. 162/163), der sich im Zirkus Roncalli als Clown Pic regelmäßig selbst in Seifenblasen einsperrt. In klimatisch instabilen Zeiten geht er damit ein Risiko ein: »Hohe Temperaturen, geringe Luftfeuchtigkeit und statische Spannungen bei Gewittern lassen sie manchmal zur Lotterie werden.« (Zit. n. N. N. 2005) Heute lassen sich Seifenblasen auch maschinell herstellen. Das Unternehmen Pustefix bietet dazu auf seiner Webseite www.pustefix. de/bubblevents verschiedene Geräte an: »Bereits das leistungsstarke Basismodell Z10 bläst in wenigen Augenblicken ganze Wolken von bunten Seifenblasen. Mit der […] höheren Blasenkapazität übertrifft das Modell Z30 diesen Output deutlich. Beide Modelle sind zusätzlich mit Intervallschalter zur Einstellung der Pausen- und Aktivzeit ausgerüstet. Aufgrund der Leistungsfähigkeit und Bauart sind beide Maschinen jederzeit auch im professionellen Bereich einsetzbar. […] Absolute Spitzenleistungen bietet Ihnen unser Top-Modell, das Bubble-Monster. Die Blasenkapazität dieser Maschine ist unübertroffen. Neben der Intervallsteuerung für Pausen- und Aktivzeit können Sie beim Bubble-Monster zusätzlich die Gebläsegeschwindigkeit einstellen. Das Bubble-Monster ist ein absoluter Leistungsträger der Spitzenklasse.«

SHELDON, NOAH: (* 1975 Fort Wayne/Indiana) Fotograf; dokumentiert den Verfall von → *Biosphere 2*.

SHRINK: Performative Installation von Lawrence →*Malstaf* aus dem Jahr 1995. Zwei PVC-Planen sind in einem drei Meter hohen Metallrahmen aufgespannt. Freiwillige können sich in dieser Konstruktion einschweißen lassen wie vakuumverpackte Erdnüsse, die Luftzufuhr erfolgt über zwei Plastikschläuche (siehe Abbildung S. 164/165). Bewegung ist in dieser Körperkapsel kaum möglich, Teilnehmer beschreiben trotzdem ein Gefühl der Sicherheit und der Schwerelosigkeit, berichten von Erinnerungen an den Mutterleib (→*Living Pod*). Eine Sterilisations- und Konservierungstechnik der Lebensmittelindustrie wird zur sozialen Abkapselung umgenutzt und als individuelle Selbsterfahrung gedeutet.

SILENT RUNNING: (Dt. Titel: *Lautlos im Weltall*) US-amerikanischer Spielfilm von Douglas Trumbull aus dem Jahr 1972. Die Erde steht vor dem Kollaps. An allen Orten herrscht dieselbe Temperatur: 23 Grad Celsius. Die Menschen sind lethargisch und essen künstliche Nahrung. Pflanzen können nicht mehr in ihrer natürlichen Umgebung wachsen. In der Hoffnung auf eine bessere Zeit werden Space Shuttles mit Gewächshäusern unter riesigen Kuppeln ins All gesendet (→*Adaptation Laboratory*). Sobald sich die Dinge zum Guten wenden, sollen sie mit den Pflanzen zurückkehren, um die Erde wieder zu begrünen, so die Regierung beim Start der Raketen. Doch nach kurzer Reise wird das Projekt eingestellt, die Space Shuttles werden für kommerzielle Transporte benötigt. Die Besatzung ist erleichtert, endlich kann sie in die Heimat zurück – bis auf einen: Freeman Lowell. Unter Berufung auf den »Conservation Pledge« von 1946 tötet der Astronaut und Chefgärtner an Bord den Rest der Mannschaft, um sich fortan ganz in Ruhe der Botanik und dem Zubereiten von Cocktails aus selbstgezüchteten Melonen zuzuwenden.

SLAVECITY: 2005 als Reaktion auf Überbevölkerung und globale Migrationsbewegungen entwickeltes Stadtmodell des niederländischen Künstlerkollektivs Atelier Van Lieshout. SlaveCity ist ein Arbeitslager, rational, effizient und profitabel. Jährlich könnte sie, so Lieshout, sieben Milliarden Euro Gewinn erwirtschaften. Energetisch unabhängig von ihrer Umwelt, benötigt die SlaveCity von außen weder fossile Brennstoffe noch Elektrizität. Auch Abfall entsteht nicht, die Stadt basiert auf dem → *Full-Cycle*-Prinzip. Alles wird recycelt, bis hin zu den Leichen der Sklaven (→ *Soylent Green*). Als *zero energy*-Stadt (→ *Masdar*), sowohl »grün« als auch profitabel, kann SlaveCity als Musterstadt des 21. Jahrhunderts gelten. Lieshout bezeichnet die SlaveCity als »up-to-date concentration camp« (Atelier Van Lieshout o. J.).

SLOTERDIJK, PETER: (* 1947 Karlsruhe) Philosoph und Zeitdiagnostiker, Erfinder der Sphärologie. Sagte die Protestkultur in der Kapselwelt voraus: »Nach Kopenhagen leben wir in einer vorrevolutionären Situation neuen Typs. In aller Welt werden die Bürger nach Sicherheit vor ihren Regierungen verlangen.« Er erwartet die Ökokatastrophe als »Art von Offenbarung, die zu unserem Wissen das Glauben hinzufügt«, und geht davon aus, »daß wir […] ein Zeitalter der multipolaren Ingenieursintelligenz vom Typus Buckminster [→] Fuller erleben werden« (Sloterdijk 2009).

SMITHSON, ROBERT: (* 1938 Passaic/New Jersey, † 1973 New Mexico) Land-Artist; überführt in seinen Arbeiten der Natur entnommene Materialien wie Erde oder Steine in eine künstlerische Form – von der Assemblage im Mittelformat bis zum fünfhundert Meter langen spiralförmigen Damm (»Spiral Jetty«, Großer Salzsee/Utah, 1970ff.). Mit der → *Floating Island to Travel Around Manhattan Island* konzipierte er 1970 eine Naturkapsel in Form einer → *schwimmenden Insel* (siehe Abbildung S. 164/165).

SOBEK, WERNER: (* 1953 Aalen) Architekt und Ingenieur, »Nestbewohner« und Experte für ephemeres Bauen. Schon als Kind träumte er »vom Wohnen in der [→] Seifenblase«, um »durch eine immaterielle Membrane von der Umwelt getrennt vollkommen mit der Umwelt vereint« zu sein (Sloterdijk/Sobek 2009). Sobek schweben Gebäude vor, die leicht und temporär sind, nicht für die Ewigkeit gebaut, sondern für aktuelle Lebensbedingungen. Sein ästhetisches Ideal ist der Minimalismus, Reduktion als Luxus des Notwendigen. Gemeinsam mit dem Astronauten Ernst Messerschmidt, dem ersten Deutschen im All, lehrt er seine Studenten den Entwurf von »extraterrestrischen Habitaten«. Der Philosoph Peter → *Sloterdijk* sieht in Sobeks Arbeiten Ausblicke auf zukünftiges »kosmisches Camping« (→ *Refuge Wear*; → *paraSITE*; → *Kalifornien*). Visionärstes Projekt von Werner Sobek ist → *R129*, ein Prototyp für ein mobiles, ephemeres Wohnen. Er fordert, nachhaltige Architektur müsse »atemberaubend schön« sein.

SOYLENT GREEN: 1) Grundnahrungsmittel in der Kapselstadt; **2)** amerikanischer Science-fiction-Film aus dem Jahr 1973 (dt. Titel: *2022 – Die überleben wollen*), eine der ersten Ökodystopien. Die Handlung spielt im Jahr 2022, New York ist überbevölkert, die meisten Bewohner können sich weder eine Wohnung noch sauberes Wasser oder natürliche Nahrungsmittel leisten. Der Großteil der Bevölkerung ernährt sich von Produkten der Firma Soylent. Diese gibt es in den Geschmacksrichtungen gelb, blau und grün. Die Marketingstrategien des Konzerns sind drastisch. Beim Verkauf der Produkte kommt es regelmäßig zu Ausschreitungen. Auch die Produktion ist alles andere als transparent. Der Bevölkerung ist es verboten, aufs Land zu fahren, dorthin, wo die Farmen sind. Der New Yorker Polizist Thorn findet bei den Ermittlungen in einem Mordfall die Wahrheit über das neue künstliche Nahrungsmittel Soylent Green heraus. Doch am Ende wird Thorn angeschossen. Seine Erkenntnis kann er nur noch seinem korrupten Vorgesetzten Hatcher mitteilen: »Die Ozeane

N.Y.C.
SKYLIN

JUG

FLOATIN
TO TR
AROUND M
R' Sm

TREES
COMMON
TO NX REGION

BUSHES

ROCK

MOSS

PATH

BARGE

Weeping
Willow

ISLAND

TUAN ISLAND

70

sind leer, das Plankton geht zu Ende. Es ist Menschenfleisch. Soylent Green ist ein Produkt aus Menschenfleisch. Sie machen unsere Nahrungsmittel aus Menschenfleisch. Es dauert nicht lange, und sie werden Menschen züchten zur Ernährung. Wie Vieh! Sage ihnen die Wahrheit! Sag es allen, Hatcher!« – »Ich verspreche es dir, noch heute melde ich es der Informationszentrale.« – »Alle müssen es erfahren. Hör auf mich, Hatcher! Schrei es jedem ins Gesicht: Soylent Green ist Menschenfleisch! Soylent Green ist Menschenfleisch! Menschenfleisch!« Ob Thorns Ruf erhört wird, bleibt offen. Der Polizist Thorn wird gespielt von Charlton Heston. Als Moses in *Die Zehn Gebote*, Rodrigo Díaz de Vivar in *El Cid* und Judah Ben Hur in *Ben Hur* kämpfte Heston schauspielerisch für die Gerechtigkeit. Seinen letzten großen Auftritt hatte der Präsident der National Rifle Association (NRA) in Michael Moores *Bowling for Columbine* (2002).

STAHLHÖHLEN: Roman von Isaac →**Asimov**. In *Die Stahlhöhlen* (1954) beschreibt Asimov das New York der Zukunft als eine Stadt, die von der Außenwelt abgeschlossen ist (vgl. →**Dome over Manhattan**). Die Menschen haben vor einem Leben in einer natürlichen Umwelt Angst, die klimatisch kontrollierte, in sich geschlossene Megastruktur ist ihre sichere, kontrollierte Umwelt. Auf anderen Planeten leben die Spacer, Weltraumkolonisten. Sie fürchten sich nicht vor dem freien Raum, sondern vor realem Kontakt zu Menschen. Sie leben in Einzelkapseln (→**Bubble Boy**; →**Shrink**) und vermeiden jede Form von physischem Kontakt.

SUURONEN, MATTI: (* 1933 Lammi/Finnland) Architekt des ellipsoiden Kunststoffgebäudes →**Futuro**.

T

TELLER, EDWARD: (* 1908 Budapest, † 2003 Stanford/→ *Kalifornien*) Ungarisch-amerikanischer Physiker; ab 1942 Mitarbeiter im Manhattan Project, das die erste → *Atombombe* entwickelte. Er gilt auch als »Vater der Wasserstoffbombe«, die 1952 erstmals getestet wurde. »Ivy Mike« löste einen Feuerball von fünf Kilometern Durchmesser aus, die Insel Elugelab in Mikronesien wurde im Meer versenkt, achtzig Millionen Tonnen Erdreich in die Luft geschleudert. Später wirkte Teller an der Konzeption der Neutronenbombe mit, einer taktischen Weiterentwicklung der Wasserstoffbombe. Teller trat zeitlebens offensiv für die zivile und militärische Nutzung der Atomenergie ein, weshalb er als eines der Vorbilder für → *Dr. Strangelove* gilt. Existentiell bedroht fühlte er sich nicht von Atombomben, sondern von der Schauspielerin und Antiatomaktivistin Jane → *Fonda*. In den neunziger Jahren bereicherte er die Debatte um Klimawandel und → *Geo-Engineering* mit dem Vorschlag, Metallpartikel in die Stratosphäre einzubringen, um das Sonnenlicht ins All zurückzuspiegeln.

TERMINATOR: (Von engl. *to terminate*, beenden, abschließen) Cyborg aus der → *Zukunft* (Lebensmotto: »I'll be back!«) in der Terminator-Filmreihe, die bislang vier Filme umfaßt. Rund um die Kinofilme entstanden eine Fernsehserie und mehrere begleitende Computerspiele. *Terminator 1* (Regie: James Cameron) kam 1984 in die Kinos. Arnold → *Schwarzenegger* verkörpert den Terminator T-800: Er wurde aus der Zukunft ins Jahr 1984 geschickt, um Sarah Connor, die spätere Mutter John Connors (eines Widerstandskämpfers und Anführers der Menschen im Kampf gegen Cyborgs und die Steuerungseinheit Skynet), zu töten und so die Zukunft zu verändern. *Terminator 2 – Tag der Abrechnung* (Regie: James Cameron) folgte 1991. Nun wird der Terminator T-800 (Arnold Schwarzenegger) ins Jahr 1991 geschickt, um den jungen John Connor vor dem technisch überlegenen Terminator T-1000 zu schützen. T-800 entwickelt menschliche Gefühle, zerstört Skynet und rettet mit John und Sarah Connor die Menschheit. Auch in *Terminator 3 – Rebellion der Maschinen* (2003, Regie: Jonathan Mostow) wird der Terminator T-800 (erneut verkörpert von Arnold Schwarzenegger) in die Vergangenheit geschickt, dieses Mal ins Jahr 2003. Er soll nun den erwachsenen John Connor vor der Terminatrix T-X schützen. John Connor selbst hat Depressionen, weil er die Welt gerettet hat. Der Terminator stellt ihm seine zukünftige Frau vor, dabei vergessen die drei aber, erneut die Welt zu retten. In der bisher letzten Folge der Saga, *Terminator – Die Erlösung* (2009, Regie: Joseph McGinty Nichol), kann sich Arnold Schwarzenegger nicht mehr um John Connor kümmern, der Ur-Terminator hat keine Zeit mehr für Schauspielerei, denn er ist nun Gouverneur von → **Kalifornien** (siehe Abbildung S. 174/175).

TERRAFORMING: Bereitstellung einer erdähnlichen Atmosphäre auf extraterrestrischen Planeten als Voraussetzung für deren Besiedlung. Die Machbarkeit solcher Vorhaben ist einzuordnen als unproblematisch in fiktiven Kontexten, außer Reichweite in der gegenwärtigen Realität. Kasting, McKay und Toon diskutieren in einem 1991 in der Zeitschrift *Nature* veröffentlichten Artikel die Machbarkeit von Terraforming auf dem Mars. Inspiriert wurde ihr Ansatz vom Treibhauseffekt, der vor Augen führt, daß der Mensch seine Umwelt im planetaren Maßstab beeinflussen kann. Ihr Modell beruht auf einer gezielten Erwärmung des Planeten von einer gegenwärtigen mittleren Oberflächentemperatur von minus sechzig Grad Celsius auf null Grad Celsius. Diese nehme ca. hundert Jahre in Anspruch. Kasting et al. schlagen drei Techniken zur Erwärmung vor: a) das Umlenken von Sonnenlicht auf die Polkappen mittels riesiger Spiegel; b) das Aufbringen von Ruß auf die Polkappen, um ihr Rückstrahlvermögen (→ **Albedo**) zu verringern; c) das gezielte Hinzufügen von Treibhausgasen. In einem zweiten Schritt soll die chemische Zusammensetzung der Marsatmosphäre dem terrestrischen

Status quo angeglichen werden. Ein für Pflanzen und anaerobe Mikroorganismen geeignetes Klima könnte innerhalb von hundert bis maximal 105 Jahren hergestellt werden. Innerhalb von weiteren 100 000 Jahren könnte durch Photosynthese genügend Sauerstoff entstanden sein, um auch menschliches Leben zu ermöglichen (vgl. Kasting/McKay/Toon 1991, S. 489). Eine technisch erfolgreiche Form von Terraforming sowie die daraus resultierenden gesellschaftlichen Schwierigkeiten beschreibt der Film → *Total Recall* mit Arnold → *Schwarzenegger*.

TOTAL RECALL: US-amerikanischer Spielfilm von Paul Verhoeven aus dem Jahr 1990. Arnold → *Schwarzenegger* verkörpert Douglas Quaid. Quaid ist es langweilig, und er geht auf eine virtuelle Reise, die durch eine Droge hervorgerufen wird. Er erlangt unvorstellbare Kräfte und reist zum Mars, der menschlich besiedelt ist. Aber das → *Terraforming* war unvollständig, die Menschen leben in → *Klimakapseln*, riesigen Glaskuppeln, oder können sich nur in → *Schutzanzügen* bewegen. Quaid kämpft dann gegen seinen ehemaligen Auftraggeber und späteren Amtskollegen, Gouverneur Cohaagen (Ronny Cox), der mit seinem Konzern das Monopol für Atemluft auf dem Mars hält. Quaid entdeckt einen gigantischen Reaktor, den angeblich Außerirdische gebaut haben, um für den Planeten eine Atmosphäre herzustellen. Doch Cohaagen hat kein Interesse an der Aktivierung, da dadurch die von ihm gebauten Luftkuppeln nicht mehr benötigt werden, er die mutierte Bevölkerung nicht mehr unterdrücken könnte und seinem Konzern der Bankrott drohen würde. Auf der Suche nach seinem wahren Ich wird Quaid mit den Worten »Open your mind! Open your mind!« (→ *Environment Transformer*) hypnotisiert. Daraufhin setzt er den Reaktor in Kraft und vollendet das größte → *Geo-Engineering*-Projekt der Filmgeschichte.

VERTIKALE GÄRTEN: Moderner Begriff für Fassadenbegrünung; vor dem Hintergrund von Klimaerwärmung, Hitzeinseln in verdichteten Innenstädten (*urban heat*) und der Luftverschmutzung durch Verbrennungsabgase bekommen vertikale Gärten als klimaaktive Fassadenelemente eine neue Bedeutung. Ab 1982 entwickelte der französische Botaniker und Gartenkünstler Patrick Blanc ein patentiertes Verfahren, um Pflanzen in vertikalen Gärten den bestmöglichen Lebensgrund zu bieten. Mehrere Lagen Filz, die an der Wand fixiert und in den oberen Schichten eingeschnitten werden, ermöglichen eine dem Lokalklima angepaßte Bepflanzung und Erweiterung des städtischen Biotops. Zu vertikalen Gärten zählen auch konstruktiv aufwendigere Bauten wie die »Supertrees« in den →*Gardens by the Bay* in

175

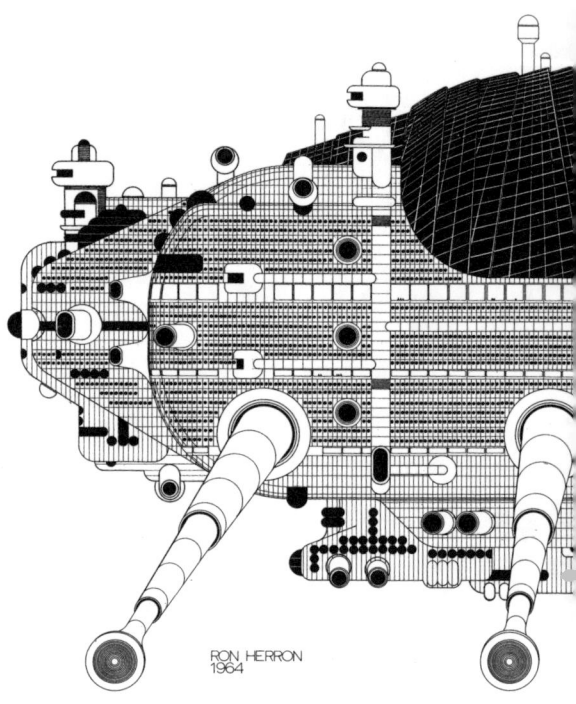

RON HERRON
1964

Singapur und die →*Luftbäume* von Madrid. Inzwischen werden sogar Hochhäuser mit vertikalen Gärten geplant. Perspektivisch werden Gärten – ob vertikal oder auf Dächern als »Rooftopfarms« – auch für die Lebensmittelversorgung in Städten eine wichtige Rolle spielen.

VETTER, INGO: (* 1974 Bensheim) Künstler, lebt und arbeitet in Stockholm/Umeå. Vetter befaßt sich mit urbaner Landwirtschaft in postindustriellen Stadtlandschaften. Im →*Adaptation Laboratory* pflanzte er den Götterbaum *Ailanthus altissima*, auch bekannt als Ghettopalme, als postindustrielles Monument.

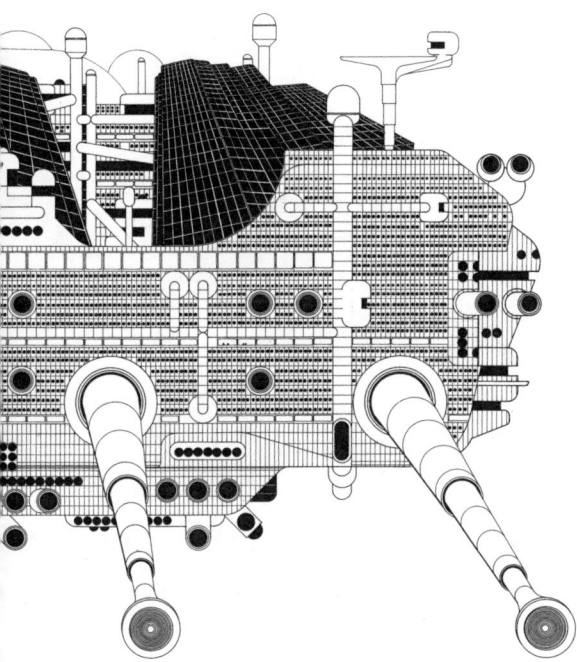

WALKING CITY: 1964 von Ron Herron (**→ *Archigram***) konzipierte mobile Architektur (siehe Abbildung
S. 176/177). Die Walking City ist eine Stadt auf
Beinen, die sich »heiter und gelassen« durch die
Landschaft bewegen kann. Sie ist eine Weiterentwicklung der Collage »Cities Moving« und
basiert auf der Idee, eine Stadt müsse flexibel
auf die Bedürfnisse ihrer Bewohner reagieren
können. Mehrere Einheiten mit unterschiedlichen Funktionen (Geschäftsbezirk, Büros, Wohneinheiten, öffentliche Gebäude, Krankenhäuser,
Schulen etc.) können über ausfahrbare Arme
miteinander verbunden werden. Ursprünglich
als hedonistisch-utopisches Modell gedacht, er-
geben sich für Walking Cities aus heutiger Sicht
verschiedene Einsatzmöglichkeiten: Sie können
Wanderarbeiter beherbergen und weiterziehen,

sobald Rohstoffe abgeschöpft sind. Man kann sie als Flüchtlingslager in Kriegssituationen einsetzen. Sie dienen als →*Auffanglager* am Rande von Städten nach Erdbeben, Wirbelstürmen oder Überschwemmungen. Und Abenteuerlustige können auf ihnen Kreuzfahrten durch unwirtliche Regionen wie Wüsten und Slums machen.

WALKING HOUSE: Nomadisches Wohnsystem, entwickelt von der dänischen Kunst-, Design- und Architekturgruppe →*N55* (siehe Abbildung S. 178/179). »Walking House bewegt sich langsam durch die Landschaft, mit minimalem Impact auf die Umwelt. Es sammelt [→] Energie über Solarzellen und kleine Windmühlen. Es gibt ein System für Regenwasseraufbereitung und solare Wassererwärmung. Ein kleines Gewächshaus kann das Basismodul erweitern, um die Ernährungsgrundlage für die Bewohner zu sichern. [...] Mehrere Walking Houses können eine Gemeinschaft bilden oder ein wanderndes Dorf, wenn sie zusammengeschlossen werden. Walking House ist unabhängig von bestehenden Infrastrukturen wie Straßen, es kann sich auf jedem Gelände bewegen.« (Übers. n. N55 2008) Ein →*Handbuch* zum Nachbau findet sich unter www.n55.dk.

WATERWORLD: US-amerikanischer, dem Endzeitgenre zuzurechnender Spielfilm aus dem Jahr 1995 (Regie: Kevin Reynolds). In der Hauptrolle ist der Hobbyhochseefischer, Indianerfreund und Strumpfhosenfetischist Kevin Costner zu sehen. *Waterworld* war der bis dahin teuerste Film aller Zeiten. Berühmt wurde er aber als der größte finanzielle Flop der Filmgeschichte. Auch das Szenario war katastrophal: Die Polkappen sind geschmolzen, die Kontinente fast vollständig im Wasser versunken. Die Menschen leben auf Booten, Atollen und →*schwimmenden Inseln*. Erde und Trinkwasser sind Luxusgüter. Die Bewohner glauben, die Welt sei von einer Sintflut geschaffen worden. Wer anderes sagt, wird der Blasphemie bezichtigt. Aber Kevin Costner weiß es besser. Er hat die zerstörten Städte auf dem Grund des Meeres gesehen, denn er ist der Mariner, ein Mutant mit Kiemen, eine Mischung aus Mensch und Fisch. Eine der schwimmenden Inseln ist die Exxon Valdez, angeführt vom Diktator The Deacon (Dennis Hopper), der sein Volk nach Dryland führen will, dem angeblich noch nicht überschwemmten Wunschland.

WETTERWAFFEN: Ugs. für in militärischen und paramilitärischen Kontexten verwendete Techniken der Umweltbeeinflussung. In einer am 10. Dezember 1976 in der UN-Vollversammlung verabschiedeten Konvention (*Convention on the Prohibition of Military or any Hostile Use of Environmental Modification Techniques*, kurz: ENMOD) verpflichten sich die unterzeichnenden Staaten, derartige Techniken nicht als Mittel zur Zerstörung, Beschädigung oder Verletzung eines anderen Staates einzusetzen, sofern weitreichende, lang anhaltende oder schwerwiegende Auswirkungen zu erwarten sind. Unter »weitreichend« sind dabei Auswirkungen zu verstehen, die mehrere hundert Quadratkilometer betreffen; »lang anhaltend« bezeichnet Zeiträume von mehreren Monaten bzw. ungefähr einer Jahreszeit; »schwerwiegende« Wirkungen liegen vor, sobald ernsthafte oder bedeutsame Einschränkungen oder Schäden an menschlichem Leben, natürlichen oder ökonomischen Ressourcen oder anderen Gütern zu verzeichnen sind. Als Beispiele für Phänomene, die durch menschliche Einflußnahme auf die Umwelt ausgelöst werden können, nennt die Konvention u. a. Erdbeben, Tsunamis, eine Störung des ökologischen Gleichgewichts in einer Region, Veränderungen von Wetterphänomenen wie → **Wolken**, Niederschlag, Zyklonen und Tornados, ebenso Veränderungen des Klimas, der Ozeanströmungen, der Ozonschicht und der Ionosphäre (→ **Project Cirrus**). Der friedliche Einsatz der genannten Techniken soll jedoch nicht verhindert werden. Die Geltungsdauer der Konvention ist unbegrenzt (Schindler/Toman 1988, S. 164-169).

WIENER, OSWALD: (* 1935 Wien) Österreichischer Kognitionsforscher, Kybernetiker, Ästhetikprofessor; Erfinder des → **Bio-Adapters**.

WOLKE: Räumliche Verdichtung von Wassertropfen. Wolken sind der Ausgangspunkt von Regen. Dieser entsteht, sobald die Wassertropfen ein zu großes Gewicht erreicht haben, um in der Schwebe gehalten zu werden. Durch → **Impfung** von Wolken mit Silberiodid oder gefrorenem Kohlendioxid kann Regen künstlich erzeugt werden. Grundlegend für diese Praxis sind die Versuche im Rahmen von → **Project Cirrus** (vgl. General Electric/ US Army 1947-1952). Diese Technik sollte auch als → **Wetterwaffe** eingesetzt werden. Wolken reflektieren Sonnenlicht, bevor es die Erdoberfläche erreichen kann. Mehr Wolken bedeuten insofern weniger Erderwärmung. Je heller die Wolken, desto größer ist dieser Effekt (→ **Albedo**). Durch das Einbringen von Kleinstpartikeln werden die Tröpfchen in Wolken kleiner (Aerosol-Effekt), die Wolke wird heller (→ **Geo-Engineering**). Je sauberer die Luft durch Filteranlagen wird, desto gesünder ist sie für den atmenden Menschen. Gleichzeitig führt die geringere Partikelmenge zu einer Reduktion des Aerosol-Effektes. Schadstofffilter in modernen Kraftwerken verbessern die Luftqualität, steigern aber die Erderwärmung. Im von → **Diller Scofidio + Renfro** im Jahr 2002 in der Schweiz errichteten Blur Building werden durch eine künstliche Wolke die Grenzen zwischen Innenwelt und Außenwelt verwischt. Das einzig feste Element des Gebäudes ist eine Metallkonstruktion von 60 × 100 × 20 Metern, die Besucherplattform und Wasserstrahldüsen trägt. Durch die Düsen werden kleine Wassertröpfchen in die Luft gesprüht, eine Wolke entsteht. Die Besucher sind optisch, haptisch und akustisch in einer riesigen Blase aus mikroskopisch kleinen Wassertröpfchen gefangen, dem wabernden *blur* (→ **Barbarella**: Mathmos). Die Wolke formiert sich gemäß der aktuellen Witterung immer wieder neu. Aufgrund ihrer verschleiernden Wirkung werden Wolken auch zur Auflösung optischer Grenzen eingesetzt, maßgeblich in der von Leonardo da Vinci entwickelten Technik des *sfumato* (dt. etwa: verraucht). Dabei werden Landschaften in einen nebligen Dunst gehüllt, in dem sich die Konturen der Motive auflösen und ineinanderzufließen scheinen (vgl. Bell 1996, S. 570). Die Architekten Carlo Ratti, Walter Nicolino und Alex Hawl, unterstützt vom Künstler Tomás → **Saraceno**, planen anläßlich der Olympischen Sommerspiele 2012 in London einen hundert Meter hohen Wolkenturm. Als Besucherattraktion konzipiert, sollen die Blasen an der Spitze Bilder und Daten zeigen: Wettkampfergebnisse, Wettervorhersagen, Zuschauerzahlen. Die dazu erforderliche →*Energie* soll in einem →*Full Cycle* aus am Boden und in den Blasen installierten Solarzellen gewonnen werden (The Cloud o. J.).

WÜSTENPLANET: (Engl. Originaltitel: *Dune*) Auf der gleichnamigen Romantrilogie von Frank Herbert aus den sechziger Jahren basierender US-amerikanischer Spielfilm von David Lynch von 1984. Der Wüstenplanet ist eine karge Landschaft im Weltall. Trotzdem ist er im Zentrum der Begehrlichkeiten extraterrestrischer Feudalisten. Auf dem Wüstenplaneten wächst zwar kein Gras, dafür gibt es aber riesige Sandwürmer, aus deren Kot die beliebteste Droge im bekannten Universum hergestellt wird: Spice. Spice ist insbesondere bei Vielfliegern wie Diplomaten, Staats- und Regierungschefs beliebt, da es die Möglichkeit bietet, nur in Gedanken zu reisen, und dementsprechend klimaneutral ist. So können sich die Navigatoren, große, nilpferdartige Lebewesen, die in aquarienartigen Spice-Kapseln leben, an jeden erdenklichen Ort beamen. Auch der intrigante Imperator, der ballonfliegende Baron Haarkonen, und sein singender Neffe Feyd-Rautha (verkörpert vom Musiker Sting, der dieses Mal nicht in der Rolle des Ökoaktivisten zu sehen ist) sind ganz versessen auf das Spice. Die Guten sind im Film die Fremen, die Ureinwohner des Planeten. Für den Kampf gegen die imperialen Kolonialisten haben sie einen speziellen →*Schutzanzug* entwickelt, der den bewaffneten Kampfeinsatz in der Wüste über Wochen ermöglicht (siehe Abbildung S. 184/185). Dieser Schutzanzug ist ein geschlossener →*Kreislauf*, sogar die Körperausscheidungen werden recycelt. Der zum Widerstandskämpfer gereifte Königssohn kann so nicht nur die Fremen wieder in die →*Freiheit* führen, sondern als auserwählter Wettermacher dem Wüstenplaneten wieder Regen schenken (→*Cloudbuster*).

WÜSTENTECHNOLOGIE: Sammelbegriff für technische Einrichtungen, die sich die geographischen und meteorologischen Gegebenheiten in Wüsten zunutze machen, um →*Energie* zu gewinnen. Solche Projekte stehen in der Tradition moderner Visionen, die die Energieprobleme der Menschheit durch große Infrastrukturen lösen wollen. Aktuell als vielversprechend eingestufte Projekte sind unter anderem: a) Aufwindkraftwerke. Im wesentlichen bestehen solche Kraftwerke aus einer Fläche, die mit einem lichtdurchlässigen Glas- oder Kunststoffdach abgedeckt ist, und einem Kamin in deren Mitte. Durch Sonneneinstrahlung wird die Luft unter dem Dach erwärmt und steigt daraufhin durch den Kamin nach oben. Der so entstandene Aufwind wird mit Turbinen in elektrischen Strom umgewandelt. Für eine Leistung von zweihundert Megawatt (etwa ein Fünftel der Leistung eines Atomkraftwerks) werden eine Fläche von acht Kilometern Durchmesser sowie ein tausend Meter hoher Kamin benötigt. Wüsten sind damit der einzig denkbare Standort für Aufwindkraftwerke. Die Firma EnviroMission hat zwei Landflächen im US-Bundesstaat Arizona vormerken lassen, auf denen zwei Aufwindkraftwerke mit einer Leistung von jeweils zweihundert Megawatt entstehen sollen (vgl. EnviroMission o. J.). Das Prinzip des Aufwindkraftwerks hat der deutsch-amerikanisch-französische Architekt Christophe Barlieb zu einer utopischen Stadtvision, der Green Desert Mine, weiterentwickelt. 2) In solarthermischen Kraftwerken folgen bewegliche Spiegel dem Lauf der Sonne und bündeln wie Brenngläser das Sonnenlicht. Dieses erhitzt Wasser zu Dampf; aus dem entstehenden Druck wird mittels Turbinen Strom gewonnen. Ein Großprojekt zur Umsetzung von Solarthermikanlagen im Mittleren Osten und in Nordafrika verfolgt derzeit die Desertec-Stiftung, die sich für die Übertragung von Wüstenstrom nach Europa einsetzt. Der gewonnene Strom soll zunächst in den Anrainerstaaten verwendet und ab 2020 auch nach Europa geleitet werden. Im Oktober 2009 gründete die Stiftung gemeinsam mit zwölf Firmen, darunter E.ON, RWE, die Deutsche Bank und Siemens, eine GmbH zur Umsetzung des Projekts (vgl. Desertec Foundation 2009). Rechnet man die verschiedenen Vorhaben zusammen, könnten mittels Wüstentechnologie bis 2050 zehn bis 25 Prozent des europäischen Strombedarfs aus den Wüsten gedeckt werden (vgl. DLR/BMU 2006, S. 4). Noch nicht endgültig geklärt ist, wie die gewonnene Energie aus Nordafrika zu den Haushalten in Mitteleuropa gelangen soll. Angesichts der derzeitigen Abhängigkeit von den OPEC-Staaten und der Erdgasversorgung aus Rußland steht mit der möglichen Entwicklung großmaßstäblicher Wüstentechnologien in Nordafrika nun eine neue Phase der globalen Energiepolitik bevor, die sich im Spannungsfeld von Neokolonialismus und der ökonomischen Macht zukünftiger Sonnenstaaten verorten muß.

X Y Z

ZEITKAPSEL: Nach der Definition der International Time Capsule Society ein »Container, der verwendet wird, um für die Nachwelt eine Auswahl von Objekten aufzubewahren, die als für das Leben innerhalb einer bestimmten Zeitspanne repräsentativ erachtet werden [siehe Abbildung S. 188/189]. [...] Richtig präpariert, bewahren Zeitkapseln die herausstechenden Eigenschaften einer Epoche und können kommenden Generationen eine wertvolle Mahnung sein. Zeitkapseln geben Individuen, Familien und Organisationen eine unabhängige Stimme in der Zukunft.« (Übers. n. International Time Capsule Society o. J.) Bekannte Zeitkapseln sind z. B. die Time Capsule 21 von Andy Warhol (1950ff.) und der DeLorean von Dr. Emmett Lathrop Brown und Marty McFly (1985).

ZUKUNFT: Löst die Gegenwart ab. Dazu Paula Taylor in einem Kinderbuch von 1982: »Was wird passieren... morgen... im nächsten Monat... im nächsten Jahr? Die Menschen waren immer schon neugierig auf ihre Zukunft. Aber heutzutage verändert sich die Welt so schnell, daß es schwierig wird, sich vorzustellen, wie die Zukunft aussehen wird. Deine Eltern und Großeltern haben im Laufe ihres Lebens viele Veränderungen erlebt. Sie haben gesehen, wie weit voneinander entfernt liegende Städte mit schnellen Flugzeugen verbunden wurden. Sie waren Zeugen der ersten Weltraumreisen, der Entdeckung von Atomenergie und Fernsehen. [...] Aber die Veränderungen, die Du im Laufe Deines Lebens erleben wirst, werden womöglich noch erstaunlicher sein. Im Jahr 2010 – wenn Du 30 oder 40 Jahre alt bist – lebst Du vielleicht in einem Haus, das aus lebenden Pflanzen gewachsen ist; oder in einem unterirdischen Erdhaus; oder im 500. Stock eines kilometerhohen Gebäudes. Du wirst womöglich in der Lage sein, innerhalb von zwei oder drei Stunden jede Stadt auf dem Erdball zu erreichen. Und Deinen Urlaub wirst Du womöglich in einer Ferienanlage auf dem Mond oder in einem Satellitenhotel

verbringen. Klingt wie Science-fiction? Ist es aber nicht. Dieses Bild Deiner Zukunft wurde von Wissenschaftlern und anderen Experten gezeichnet, die erforschen, was in den kommenden Jahren vermutlich geschehen wird. Lebendige Häuser, kilometerhohe Städte und Weltraum-Hotels sind nur einige wenige der Möglichkeiten, die sie für wahrscheinlich halten. In diesem Buch wirst Du von diesen und vielen anderen Voraussagen erfahren. Natürlich kann niemand mit Sicherheit wissen, was die Zukunft bringen wird. Einige Annahmen werden sich erfüllen, andere nicht. Und es werden auch vollkommen unerwartete Dinge geschehen. Bei einigen der Vorhersagen wirst Du denken: ›Das ist unmöglich!‹ Aber sei Dir nicht zu sicher. Wenn Du dieses Buch aufbewahrst und in 30 Jahren noch mal hineinschaust, wirst Du vielleicht feststellen, daß das, was wirklich passiert ist, noch viel phantastischer ist als alles, was wir uns jemals hätten vorstellen können.« (Übers. n. Taylor 1982, S. 7)

Quellen

Bibliographie

Adams, Fred C./Korycansky, Don G./Laughlin, Gregory, 2001, »Astronomical engineering. A strategy for modifying planetary orbits«, in: *Astrophysics and Space Science* 275/4, S. 349-366.

Akbari, Hashem/Menon, Surabi/Rosenfeld, Arthur, 2009, »Global cooling. Increasing world-wide urban albedos to offset CO_2«, in: *Climatic Change* 95/3-4, S. 275-286.

Alembert, Jean-Baptiste Le Rond'/Diderot, Denis, 1765, »Liberté«, in: *Encyclopédie, ou dictionnaire raisonné des sciences, des arts et des métiers. Par une société de gens de lettres. Mis en ordre & publié par Diderot & quant à la partie mathématique, par d'Alembert*, Band 9, Paris, S. 462-476.

Allwood, John u. a., 1977, *The Great Exhibitions*, Worthing: Littlehampton Book Services.

Angel, Roger, 2006, »Feasibility of cooling the earth with a cloud of small spacecraft near the inner Lagrange point (L1)«, in: *Proceedings of the National Academy of Sciences of the United States of America* 103/46, S. 17184-17189.

Ant Corps, 1973, *Inflatocookbook*, Eigenverlag, San Francisco.

Arup, 2009, »Growing algae pushes the ›green‹ agenda«, online verfügbar unter: {www.arup.com/News/2009-06%20June/30_Jun_2009_Growing_algae_pushes_the_green_agenda.aspx} (Stand: Januar 2010).

Atelier Van Lieshout, o.J., »SlaveCity«, online verfügbar unter: {www.ateliervanlieshout.com} (Stand: Januar 2010).

Bagchi, Indrani, 2009, »The new landlords«, in: *The Times of India*, 26. September 2009.

Barbican Art Gallery/Manacorda, Franceso/Yedgar, Ariella (Hg.), 2009, *Radical Nature. Art and Architecture for a Changing Planet 1969-2009*, London: Koenig Books.

Bell, Janis Callen, 1996, »Chiaroscuro«, in: Turner, Jane (Hg.), *The Dictionary of Art*, Band 7, London: Macmillan, S. 569-571.

Biosphere 2, o.J., »History«, online verfügbar unter: {http://www.b2science.org/b2/about-history.html} (Stand: Februar 2010).

Birks, John W./Crutzen, Paul J., 1982, »The atmosphere after a nuclear war. Twilight at noon«, in: *Ambio* 11/2-3, S. 114-125.

Bogner, Dieter, 1992, *Haus-Rucker-Co. Denkräume – Stadträume. 1967-1992*, Klagenfurt: Ritter.

Braungart, Michael/McDonough, William, 2002, *Cradle to Cradle. Remaking the Way We Make Things*, New York: North Point Press.

California Climate Change Portal, o.J., online verfügbar unter: {www.climatechange.ca.gov} (Stand: Januar 2010).

Cancer Council Australia, o.J., »Slip slop slap seek slide«, online verfügbar unter: {www.cancer.org.au/cancersmartlifestyle/SunSmart/Campaignsandevents/SlipSlopSlapSeekSlide.htm} (Stand: Januar 2010).

Cotton, William R./Pielke, Roger A., 1995, *Human Impacts on Weather and Climate*, Cambridge: Cambridge University Press.

Creveld, Martin van, 2008, »Klima, Wetter, Krieg«, in: Lutz, Petra/Macho, Thomas (Hg.), *Zwei Grad. Das Wetter, der Mensch und sein Klima*, Göttingen: Wallstein, S. 67-71.

Desertec Foundation, 2009, »Press Release. Joint venture DII established and ready to take up work«, online verfügbar unter: {http://

www.desertec.org/en/press/press-releases/091030-01-formation-dii-gmbh/} (Stand: Februar 2010).

Diller Scofidio + Renfro, o. J., online verfügbar unter: {www.diller scofidio.com} (Stand: Januar 2010).

DLR (Deutsches Zentrum für Luft- und Raumfahrt)/BMU (Bundesministerium für Umwelt, Naturschutz und Reaktorensicherheit) (Hg.), 2006, *Trans-Mediterranean Interconnection for Concentrating Solar Power. Executive Summary*, Stuttgart: DLR.

Dobers, Peter/Strannegård, Lars, 2004, »The cocoon. A traveling space«, in: *Organization* 11, S. 825-848.

Eden Project, o. J., »What's at the Eden Project?«, online verfügbar unter: {www.edenproject.com/visiting-eden/whats-here/index.php} (Stand: Januar 2010).

Eichler, Dominik, 2007, »Making do«, in: *Frieze* 108/Juni-August, S. 208-213.

Elliott, Andrea, 2003, »Rain dates, lots of them; with gray skies above, life is stuck indoors«, in: *New York Times*, 20. Juni 2003, online verfügbar unter: {http://www.nytimes.com/2003/06/20/ny region/rain-dates-lots-of-them-with-gray-skies-above-life-is-stuck-indoors.html?scp=1&sq=&st=nyt} (Stand: Februar 2010).

Ende, Michael, 2004 [1960], *Jim Knopf und Lukas der Lokomotivführer*, Stuttgart/Wien: Thienemann.

EnviroMission, o. J., »Company profile«, online verfügbar unter: {www.enviromission.com.au/EVM/content/about_companypro file.html} (Stand: Januar 2010).

Ewing, Brad u. a., 2008, *The Ecological Footprint Atlas 2008*, Oakland: Global Footprint Network.

Foucault, Michel, 2006 [1967], »Von anderen Räumen«, in: Dünne, Jörg/Günzel, Stephan (Hg.), *Raumtheorie. Grundlagentexte aus Philosophie und Kulturwissenschaften*, Frankfurt am Main: Suhrkamp, S. 317-329.

Fuller, Richard Buckminster, 1963, *Operating Manual for Space-ship Earth*, New York: E. P. Dutton & Co (dt. *Bedienungsanleitung für das Raumschiff Erde und andere Schriften*, Hamburg: Philo Fine Arts 2010).

Fuller, Richard Buckminster, 1969, *Utopia or Oblivion. The Prospects for Humanity*, New York: Overlook (dt. *Konkrete Utopie. Die Krise der Menschheit und ihre Chance zu überleben*, Düsseldorf/Wien: Econ 1974).

Gardens by the Bay, o.J., »About GB«, online verfügbar unter: {www.gardensbythebay.org.sg/?p=section&sub=article&articlegr ppk=31} (Stand: Januar 2010).

General Electric Research Laboratory/Havens, Barrington S. (Hg.), 1952, *History of Project Cirrus*, Schenectday: The Knolls.

Gersmann, Hanna, 2008, »Bio ist nicht öko. Ökostrom-Anbieter in der Kritik«, in: *die tageszeitung*, 12. Juni 2008.

Goodin, Dan, 2009, »Plastiki and the 100% recyclable yacht«, in: *The Register*, 25. November 2009, online verfügbar unter: {www. theregister.co.uk/2009/11/25/plastiki_recycled_boat/} (Stand: Januar 2010).

Hartmann Schweizer, Rahel, 2004, »Retour à la nature«, in: *tec21*, 12. März 2004, S. 6-11.

Hohmann, Silke, 2010, »Ein Mann will nach oben«, in: *Monopol* 1, S. 50-57.

Hyde, Roderick/Teller, Edward/Wood, Lowell, 1997, »Global warming and ice ages. Prospects for physics-based modulation of global change«, Vorabdruck des Lawrence Livermore National Laboratory der University of California anläßlich eines Vortrags beim 22. International Seminar on Planetary Emergencies, 15. August 1997, online verfügbar unter: {http://www.osti.gov/accomplishments/docu ments/fullText/ACC0229.pdf} (Stand: Februar 2010).

International Time Capsule Society, o. J., »About us«, online verfügbar unter: {www.oglethorpe.edu/about_us/crypt_of_civilization/in ternational_time_capsule_society.asp} (Stand: Januar 2010).

IPCC/Working Group II to the Fourth Assessment Report of the Intergovernmental Panel on Climate Change (Hg.), 2007, *Climate Change 2007. Impacts, Adaptation, and Vulnerability*, Cambridge: Cambridge University Press.

Jones, Kristin M., 2008, »Droplets along the strands of a spider's web«, in: *Frieze* 116.

Kalha, Harri, 2002, »A house of ill repute. Figuring out the Futuro«, in: Home, Marko/Taanila, Mika (Hg.), *Futuro. Tomorrow's House from Yesterday*, Helsinki: Desura, S. 130-175.

Kasting, James F./McKay, Christopher P./Toon, Owen B., 1991, »Making Mars habitable«, in: *Nature* 352, S. 489-496.

Keating, Philip J., 1947, »Flight test project activity request and authority«, internes Papier der US Army, 17. Dezember 1947.

Keller, Christoph, 2003, *Cloudbuster Project*, Berlin: Schipper & Krome.

Keller, Christoph, o. J., online verfügbar unter: {www.christophkeller. com} (Stand: Januar 2010).

Kunstverein Braunschweig (Hg.), 2008, *Christoph Keller. Observatorium*, Köln: Walther König.

Masdar City, o. J., »All about us«, online verfügbar unter: {www. masdarcity.ae/en/index.aspx} (Stand: Januar 2010).

Münkler, Herfried, 2008, »Auf dem Schlachtfeld: ›Künftige Kriege werden asymmetrische Konflikte sein‹«, in: von Borries, Friedrich/Böttger, Matthias/Heilmeyer, Florian, *Bessere Zukunft? Auf der Suche nach den Räumen von morgen*, Berlin: Merve, S. 138-149.

N. N., 1972, »Faculty urges U.C. control of air labs. Breathing – that's their bag«, in: *Oakland Tribune. A Responsible Metropolitan Newspaper*, 22. April 1972, zitiert nach: Ant Corps 1973.

N. N., 2000, »Der Reichstag hält die Energie unter seiner Kuppel«, in: *Die Welt*, 29. März 2000.

N. N., 2005, »Pic zeigt neue Gesichter. Pic wurde mit seiner Seifenblasen-Nummer weltberühmt. Nach zweieinhalb Jahren zu Hause meldet er sich nun als Clown zurück«, in: *Coopzeitung*, 23. November 2005, S. 103.

N. N., 2008, »Alternative Energiequelle. Schweden wollen allein mit Körperwärme heizen«, in: *Die Welt*, 3. Januar 2008.

N. N., 2009, »Samstag, 13:02, Brucknerhaus«, in: FM4/ORF.at (Ars Electronica. Der Videoblog), 4. September 2009, online verfügbar unter: {http://fm4.orf.at/stories/1 626 242/} (Stand: Februar 2010).

N55, 2000 ff., »Manual for LAND«, online verfügbar unter: {www.n55.dk/MANUALS/LAND/LAND.html} (Stand 20. Januar 2010).

N55, 2008, »Manual for WALKING HOUSE«, online verfügbar unter: {www.n55.dk/MANUALS/WALKINGHOUSE/walkinghouse.html} (Stand: Januar 2010).

N55, o. J., online verfügbar unter: {www.n55.dk} (Stand 21. Januar 2010).

Nitta, Michiko, o. J., »Extreme green guerrillas«, online verfügbar unter: {www.myportfolio.me.uk/EGGs.htm} (Stand 17. Januar 2010).

Orta, Jorge/Orta, Lucy, o. J., online verfügbar unter: {www.studio-orta.com} (Stand: Januar 2010).

Otto, Frei, 1986, »Ausblick auf eine heitere Kulturlandschaft«, in: *Daidalos* 21, 21. September 1986, S. 84-90.

Prantl, Heribert, 2004, »›Ich finde nichts Anstößiges daran, Menschen zurückzuführen‹«, in: *Süddeutsche Zeitung*, 2. August 2004.

Rakowitz, Michael, o. J., »paraSITE«, online verfügbar unter: {http://michaelrakowitz.com/parasite/} (Stand: Januar 2010).

Reich, Wilhelm, 1954a, »DOR removal, cloud-busting, fog-lifting«, in: *CORE. Cosmic Orgone Engineering* VI/1-4, S. 28-44.

Reich, Wilhelm, 1954b, »Documentary record on information given regarding Oranur, DOR and weather control«, in: *CORE. Cosmic Orgone Engineering* VI/1-4, S. 125-140.

Reynolds, Richard, o. J. a, »Guerrilla gardening tips«, online verfügbar unter: {www.guerrillagardening.org/ggtips.html} (Stand: Januar 2010).

Reynolds, Richard, o. J. b, »Seed bombs. A guide to their various forms and functions«, online verfügbar unter: {http://www.guerrilla gardening.org/ggseedbombs.html} (Stand: Januar 2010).

Rötzer, Florian, 2008, »Neues Mittel gegen die 1,5 Milliarden Methan-rülpsenden Kühe«, in: *Telepolis*, 27. Januar 2008, online verfügbar unter: {www.heise.de/tp/blogs/2/102500} (Stand: Januar 2010).

Rothfeld, Michael, 2009, »Schwarzenegger isn't mourning the loss of Hummer«, in: *Los Angeles Times*, 3. Juni 2009, online verfügbar unter: {http://latimesblogs.latimes.com/lanow/2009/06/schwar zenegger-isnt-mourning-the-loss-of-hummer.html} (Stand: Februar 2010).

Rozemann, Marina, 2005, »A different perspective. Botanist vertical works transform urban walls«, in: *The Wall Street Journal Europe*, 6.-8. Mai 2005.

Saraceno, Tomás, 2004, »Conversation with Tomás Saraceno, Luca Cerizza and pinksummer«, online verfügbar unter: {www.pinksum mer.com/pink2/exb/sar/exb001en.htm} (Stand: Februar 2010).

Schindler, Dietrich/Toman, Jiří, 1988, *The Laws of Armed Conflicts*, Dordrecht: Martinus Nijhoff.

Schürmann, Hans, 2007, »Den Klimawandel bekämpfen. Mikroalgen retten die Umwelt«, in: *Handelsblatt*, 12. November 2007, online verfügbar unter: {http://www.handelsblatt.com/technologie/

umwelt-news/mikroalgen-retten-die-umwelt;1350492} (Stand: Februar 2010).

Scott, Felicity D., 2008, *Living Archive 7. ANT FARM*, Barcelona/New York: Actar.

Sloterdijk, Peter, 1999, *Sphären*, Band II: *Makrosphärologie. Globen*, Frankfurt am Main: Suhrkamp.

Sloterdijk, Peter, 2009, »Das 21. Jahrhundert beginnt mit dem Debakel vom 19. Dezember 2009«, in: *Süddeutsche Zeitung*, 21. Dezember 2009.

Sloterdijk, Peter/Sobek, Werner, 2009, »Die Verpflanzlichung des Menschen war das große metaphysische Projekt«, in: *Die Welt*, 8. März 2009.

Sobek, Werner, 2008, »Visionäres Wohnen: ›Mein Haus könnte morgen zu einer Motorhaube werden‹«, in: *Der Spiegel*, 25. Juli 2008.

Sobek, Werner, o. J., online verfügbar unter: {www.wernersobek.de} (Stand: Januar 2010).

Stix, Gary, 1999, »Infamy and honor at the atomic café«, in: *Scientific American* 281/4, S. 42f.

Taylor, Paula, 1982, *The Kids' Whole Future Catalog. A Book about Your Future*, New York: Random House.

Teller, Edward, 1979, »I was the only victim of Three-Mile Island«, in: *Wall Street Journal*, 31. Juli 1979, S. 24 f.

Terreform, o. J., »Future north. Ecotariums in the north pole«, online verfügbar unter: {www.terreform.org/projects_urbanity_future north.html} (Stand: Januar 2010).

The Cloud, o. J., online verfügbar unter: {www.raisethecloud.org} (Stand: Januar 2010).

Webb, Mike, 1999, »Boys at heart«, in: Archigram (Hg.), *Archigram*, New York: Princeton Architectural Press, S. 2 f.

Welzer, Harald, 2008, *Klimakriege. Wofür im 21. Jahrhundert getötet wird*, Frankfurt am Main: S. Fischer.

Wiener, Oswald, 1969, »appendix A: der bio-adapter«, in: *Die Verbesserung von Mitteleuropa*. Roman, Reinbek: Rowohlt, S. CLXXV-CLXXXIV.

Zamp Kelp, Günter, o. J., »Dokumenta 5«, online verfügbar unter: {www.zamp-kelp.com/content_hrc.html} (Stand: Januar 2010).

Filmographie

Back to the Future, dt. *Zurück in die Zukunft*, Regie: Robert Zemeckis (USA 1985).

Barbarella, Regie: Roger Vadim (Frankreich/Italien 1968).

Bubble Boy, Regie: Blair Hayes (USA 2001).

Code 46, Regie: Michael Winterbottom (Großbritannien 2003).

Dr. Strangelove or: How I Learned to Stop Worrying and Love the Bomb, dt. *Dr. Seltsam, oder wie ich lernte, die Bombe zu lieben*, Regie: Stanley Kubrick (Großbritannien 1964).

Dune, dt. *Der Wüstenplanet*, Regie: David Lynch (USA 1984).

Logan's Run, dt. *Flucht ins 23. Jahrhundert*, Regie: Michael Anderson (USA 1976).

Mad Max, Regie: George Miller (Australien 1979).

Mad Max II. The Road Warrior, dt. *Mad Max II. Der Vollstrecker*, Regie: George Miller (Australien/USA 1981).

Mad Max. Beyond Thunderdome, dt. *Mad Max. Jenseits der Donnerkuppel*, Regie: George Miller und George Ogilvie (Australien/USA 1985).

Silent Running, dt. *Lautlos im Weltall*, Regie: Douglas Trumbull (USA 1972).

Soylent Green, dt. *2022. Die überleben wollen*, Regie: Richard Fleischer (USA 1973).

The Terminator, dt. *Terminator*, Regie: James Cameron (USA 1984).

Terminator 2. Judgement Day, dt. *Terminator 2. Tag der Abrechnung*, Regie: James Cameron (USA 1991).

Terminator 3. Rise of the Machines, dt. *Terminator 3. Rebellion der Maschinen*, Regie: Jonathan Mostow (USA 2003).

Terminator Salvation, dt. *Terminator. Die Erlösung*, Regie: Joseph McGinty Nichol (McG) (USA 2009).

Total Recall, dt. *Die totale Erinnerung. Total Recall*, Regie: Paul Verhoeven (USA 1990).

Waterworld, Regie: Kevin Reynolds (USA 1995).

Abbildungsnachweise

S. 68/69: »Children play in inflatable bubbles«, Photo: Peter Parks, © AFP.

S. 70/71: »Adaptation Laboratory«, Installationsansicht aus den Kunst-Werken, Institute for Contemporary Art, Berlin; abluftbetriebenes Gewächshaus mit einem Götterbaum (*Ailanthus altissima*) aus Detroit (für weitere Informationen siehe {http://Treeof heavenwoodshop.com}), © Ingo Vetter für den Detroit Tree of Heaven Woodshop 2004.

S. 72/73: »Algenproduktionsanlage«, © Bioprodukte Prof. Steinberg Produktions- und Vertriebs GmbH & Co. KG.

S. 76/77: »Bikini Atoll, Marshall Islands, Micronesia«, Photo: United States Navy, © Getty Images.

S. 78/79: »Jane Fonda, Barbarella«, Photo: Carlo Bavagnoli, © Getty Images.

S. 80/81: »Supergas«, © Superflex.

S. 84/85: »Bubble Boy (2001)«, © Bandeira/germ Free Prod/The Global.

S. 86/87: »Clean Air Pod«, mit freundlicher Genehmigung von Chip Lord und Ant Farm.

S. 90/91: »Dome over Manhattan«, mit freundlicher Genehmigung von The Estate of R. Buckminster Fuller.

S. 92/93: »Dr. Strangelove«, Photo: Silver Screen Collective, © Getty Images.

S. 94/95: »Eden Project«, © Grimshaw.

S. 96/97: »FLYHEAD, VIEWATOMIZER, DRIZZLER«, Autoren: Haus-Rucker-Co (Laurids Ortner, Günter Zemp Kelp, Klaus Pinter), Wien 1968, Foto: Gerald Zugmann, Wien.

S. 100/101: »Superstar«, Projektleitung: Ma Yansong, Dang Qun, Yosuke Hayano, Design Team: Chen Shuyu, Fu Changrui, Zheng

Tao, Fernie Lai, David William Nightingale, Matthias Werner Helmreich, Bryan Alan Oknyansky, Zach Hines, Tom James, © MAD.

S. 104/105: »Fresh Air Cart in use on the streets of New York City (1972)«, mit freundlicher Genehmigung von The Estate of Gordon Matta-Clark and David Zwirner, New York, © VG Bildkunst, Bonn 2010.

S. 108/109: »Futuro«, © Gunnar Källström/scanpix dana.

S. 114/115: »Cocoon Chair«, Jennie Pineus, © Jonas Linell.

S. 120/121: »Cloudbuster Project Maroc (2010)«, © Christoph Keller.

S. 124/125: »La Parole«, © Pablo Reinoso Studio.

S. 126/127: »Lilypad«, Vincent Callebaut Architectures (www.vincent.callebaut.org), © Vincent Callebaut.

S. 130/131: »Living Pod Model«, David Greene, Archigram 1965, Photograph © Archigram Archives.

S. 134/135: »Biogas«, © Amira Kniest.

S. 136/137: »Museum of Nature«, © Ilkka Halso.

S. 138/139: »OASE NR. 7«, Autoren: Haus-Rucker-Co (Laurids Ortner, Manfred Ortner, Klaus Pinter, Günter Zamp Kelp), Kassel 1972, das Originalfoto von Brigitte Hellgoth/*documenta Archiv, Kassel, wurde dem Layout zugrunde gelegt.

S. 142/143: »Michael Rakowitz, Bill Stone's paraSITE shelter (1998)«, Plastiktaschen, Polyethylenrohre, Haken und Klebeband, Cambridge/Boston, MA, mit freundlicher Genehmigung des Künstlers und der Lombard-Freid Projects.

S. 144/145: »Project Cirrus«, © Schenectady Museum & Suits-Bueche Planetarium.

S. 146/147: »Gustav Metzger, Project Stockholm June (Phase 1, 2007), Installationsansicht Sharjah Biennial 8«, Produktion: Sharjah Art Foundation, Foto: Peter Riedlinger.

S. 148/149: »R129«, Stuttgart, © Werner Sobek.

S. 150/151: »Refuge Wear – Habitent, Lucy Orta«, Photo: Galerie Anne de Villepoix, mit freundlicher Genehmigung der Galleria Continua, San Gimignano/Beijing/Le Moulin.

S. 154/155: »The Ice Cube Project, 2004«, Marco Evaristti, mit freundlicher Genehmigung von ME contemporary.

S. 158/159: »Tomás Saraceno, Flying Garden (2005)«, Foto: Sillani, mit freundlicher Genehmigung des Künstlers und von pinksummer contemporary art.

S. 158/159: »Pic der Clown«, © Udo Weger.

S. 162/163: »Lawrence Malstaf, Shrink (1995)«, © Lawrence Malstaf/ Galerie Fortlaan 17.

S. 168/169: »Robert Smithson, The Floating Island to Travel Around Manhattan Island (1970)«, Graphit auf Papier, 48,3 × 61 cm; mit freundlicher Genehmigung des Estate of Robert Smithson/VAGA, New York, und der James Cohan Gallery, New York.

S. 174/175: »UN Climate Change Summit enters final week«, Photo: Peter Macdiarmid, © Getty Images.

S. 176/177: »CITIES: MOVING Master Vehicle-Habitation« by Ron Herron, April 1964, © Ron Herron Archive.

S. 178/179: »Walking House«, © N55.

S. 184/185: »Dune (1984)«, © Universal/The Kobal Collection.

S. 188/189: »Museum of Nature«, © Ilkka Halso.

Dank

Klimakapseln wäre nicht möglich gewesen ohne die Unterstützung und Mithilfe vieler Personen. Für die gute Zusammenarbeit möchte ich dem gesamten Museum für Kunst und Gewerbe Hamburg danken, insbesondere Sabine Schulze, Dennis Conrad und Michaela Hille. Ein weiterer Dank für den Vertrauensvorschuß gilt dem Präsidenten der Hochschule für bildende Künste Hamburg, Martin Köttering, und Heinrich Geiselberger vom Suhrkamp Verlag; Lutz Nitsche danke ich für ermutigende und anregende Gespräche. Das visuelle Erscheinungsbild wäre ohne den Einsatz meines Kollegen Ingo Offermanns nicht möglich gewesen. Auch Annika Langer möchte ich für die graphische Umsetzung danken. Mein ganz besonderer Dank gilt meinen Mitarbeitern, hier insbesondere Christian Hiller und Wilma Renfordt, für ihr Engagement, ihre Recherchierlust und die Freude am gemeinsamen Fabulieren.